O LIVRO QUE MUDOU A MINHA VIDA

ORGANIZAÇÃO DE
JOSÉ ROBERTO DE CASTRO NEVES

O LIVRO QUE MUDOU A MINHA VIDA

ANTONIO CARLOS SECCHIN • CÁRMEN LÚCIA ANTUNES ROCHA • CHIQUINHO BRANDÃO • DAVID ZYLBERSZTAJN • FABIO ALTMAN
FERNANDA TORRES • GABRIEL CHALITA • GUSTAVO FRANCO • JOAQUIM FALCÃO • JORGE OAKIM • JOSÉ LUIZ ALQUÉRES
JOSÉ PAULO CAVALCANTI FILHO • JOSÉ ROBERTO DE CASTRO NEVES • JOSÉ ROBERTO O'SHEA • JOÃO EMANUEL CARNEIRO • LIANA LEÃO
LILIA SCHWARCZ • LUÍS ROBERTO BARROSO • MARCELO MADUREIRA • MARCELO TRINDADE • MARGARETH DALCOLMO
MARIA ISABEL MENDES DE ALMEIDA • MARY DEL PRIORE • MERVAL PEREIRA • MIGUEL PINTO GUIMARÃES • MONJA COEN • NELSON MOTTA
PAULO RICARDO • PEDRO CORRÊA DO LAGO • PEDRO PACÍFICO • RICARDO RANGEL • RICARDO VILLAS BÔAS CUEVA • ROBERTA SUDBRACK
RODRIGO LACERDA • ROSISKA DARCY DE OLIVEIRA • RUI CAMPOS • SAMUEL SEIBEL • VIVIANNE FALCÃO

Editora
Nova
Fronteira

Copyright da organização © 2022 by José Roberto de Castro Neves

Copyright © 2022 by Antonio Carlos Secchin, Cármen Lúcia Antunes Rocha, Chiquinho Brandão, David Zylbersztajn, Fabio Altman, Fernanda Torres, Gabriel Chalita, Gustavo Franco, Joaquim Falcão, Jorge Oakim, José Luiz Alquéres, José Paulo Cavalcanti Filho, José Roberto de Castro Neves, José Roberto O´Shea, João Emanuel Carneiro, Liana Leão, Lilia Schwarcz, Luís Roberto Barroso, Marcelo Trindade, Marcelo Madureira, Margareth Dalcolmo, Maria Isabel Mendes de Almeida, Mary Del Priore, Merval Pereira, Miguel Pinto Guimarães, Monja Coen, Nelson Motta, Paulo Ricardo, Pedro Corrêa do Lago, Pedro Pacífico, Ricardo Rangel, Ricardo Villas Bôas Cueva, Roberta Sudbrack, Rodrigo Lacerda, Rosiska Darcy de Oliveira, Rui Campos, Samuel Seibel, Vivianne Falcão

Direitos de edição da obra em língua portuguesa no Brasil adquiridos pela EDITORA NOVA FRONTEIRA PARTICIPAÇÕES S.A. Todos os direitos reservados. Nenhuma parte desta obra pode ser apropriada e estocada em sistema de banco de dados ou processo similar, em qualquer forma ou meio, seja eletrônico, de fotocópia, gravação etc., sem a permissão do detentor do copirraite.

EDITORA NOVA FRONTEIRA PARTICIPAÇÕES S.A.
Rua Candelária, 60 — 7º andar — Centro — 20091-020
Rio de Janeiro — RJ — Brasil
Tel.: (21) 3882-8200

Dados Internacionais de Catalogação na Publicação (CIP)

N518e   Neves, José Roberto de Castro
     O livro que mudou a minha vida: a força transformadora da literatura / organizado por José Roberto de Castro Neves. – Rio de Janeiro: Nova Fronteira, 2022
     240 p. ; 15,5 x 23 cm

     ISBN: 978-65-5640-511-7

  1 Educação. 2. Autoconhecimento. I. Título.

                                      CDD: 158.1
                                      CDU: 159.92

André Queiroz – CRB-4/2242

SUMÁRIO

Introdução,
por José Roberto de Castro Neves   9

A rosa do povo, de Carlos Drummond de Andrade,
por Antonio Carlos Secchin   13

Romanceiro da Inconfidência, de Cecília Meireles,
por Cármen Lúcia Antunes Rocha   17

Made in Japan, de Akio Morita,
por Chiquinho Brandão   25

Dez dias que abalaram o mundo, de John Reed,
por David Zylbersztajn   29

Cartas a um jovem escritor, de Mário de Andrade,
por Fabio Altman   33

Bouvard e Pécuchet, de Gustave Flaubert,
por Fernanda Torres   39

Ética a Nicômaco, de Aristóteles,
por Gabriel Chalita   43

1984, de George Orwell,
por Gustavo Franco   49

Price Theory and Its Uses, de Donald Watson,
por Joaquim Falcão   57

O apanhador no campo de centeio, de J. D. Salinger,
por Jorge Oakim   63

A transformação, de Franz Kafka,
por José Luiz Alquéres   67

Tabacaria, de Fernando Pessoa,
por José Paulo Cavalcanti Filho   73

O senhor dos anéis, de J. R. R. Tolkien,
por José Roberto de Castro Neves   87

As aventuras de Huckleberry Finn, de Mark Twain,
por José Roberto O'Shea   93

O senhor dos anéis, de J. R. R. Tolkien,
por João Emanuel Carneiro   97

Hamlet, de William Shakespeare,
por Liana Leão   101

Amada, de Toni Morrison,
por Lilia Schwarcz   113

O EU PROFUNDO E OS OUTROS EUS, DE FERNANDO PESSOA,
POR LUÍS ROBERTO BARROSO   119

O MANIFESTO COMUNISTA, DE KARL MARX E FRIEDRICH ENGELS,
POR MARCELO MADUREIRA   125

O QUE É ISSO, COMPANHEIRO?, DE FERNANDO GABEIRA,
POR MARCELO TRINDADE   131

A MONTANHA MÁGICA, DE THOMAS MANN,
POR MARGARETH DALCOLMO   137

A DEMOCRACIA NA AMÉRICA, DE ALEXIS DE TOCQUEVILLE,
POR MARIA ISABEL MENDES DE ALMEIDA   149

UM QUARTO SÓ SEU, DE VIRGINIA WOOLF,
POR MARY DEL PRIORE   153

O ENCONTRO MARCADO, DE FERNANDO SABINO,
POR MERVAL PEREIRA   159

AS CIDADES INVISÍVEIS, DE ITALO CALVINO,
POR MIGUEL PINTO GUIMARÃES   163

O MANDARIM, DE EÇA DE QUEIROZ,
POR MONJA COEN   173

GABRIELA, CRAVO E CANELA, DE JORGE AMADO,
POR NELSON MOTTA   175

ON THE ROAD, DE JACK KEROUAC,
POR PAULO RICARDO   179

Em busca do tempo perdido, de Marcel Proust,
por Pedro Corrêa do Lago   183

Frankenstein, de Mary Shelley,
por Pedro Pacífico   189

Zen e a arte da manutenção de motocicletas, de Robert M. Pirsig,
por Ricardo Rangel   193

Memórias póstumas de Brás Cubas, de Machado de Assis,
por Ricardo Villas Bôas Cueva   201

O livro de cozinha de Alice B. Toklas, de Alice B. Toklas,
por Roberta Sudbrack   207

Viva o povo brasileiro, de João Ubaldo Ribeiro,
por Rodrigo Lacerda   213

Antígona, de Sófocles,
por Rosiska Darcy de Oliveira   219

O chamado da tribo, de Mario Vargas Llosa,
por Rui Campos   225

Capitães da areia, de Jorge Amado,
por Samuel Seibel   231

Em busca do tempo perdido, de Marcel Proust,
por Vivianne Falcão   235

INTRODUÇÃO,
POR JOSÉ ROBERTO DE CASTRO NEVES

O livro que mudou a minha vida

Os brasileiros leem pouco. Uma pena. A reflexão, a cultura, a capacidade de se expressar e de interpretar, proporcionadas pela leitura, fazem falta para a construção de um país melhor. O intelectual Antonio Candido, num seminal ensaio chamado "O direito à literatura" (publicado na coletânea *Vários escritos*), encerra o texto dizendo que "Uma sociedade justa pressupõe o respeito dos direitos humanos, e a fruição da arte e da literatura em todas as modalidades e em todos os níveis é um direito inalienável".

Queremos viver numa sociedade que lê! Precisamos viver numa sociedade que lê! Como atingir esse fim? Como reagir?

No final dos anos 1970, Rubem Braga, Fernando Sabino, Paulo Mendes Campos e Carlos Drummond de Andrade lançaram o projeto "Para gostar de ler", com coletâneas de contos, poesias e crônicas, destinadas, em princípio, aos alunos de colégio. Muitos desenvolveram o hábito de ler com essas antologias. Antes deles, a partir da década de trinta do século passado, Monteiro Lobato, com seus livros "infantis", cheios de sabedoria e cultura, formou, no Brasil, outra geração de leitores.

Hoje, os livros, como fonte de entretenimento e cultura, têm sedutores (e agressivos) rivais: as telas de televisores e aparelhos celulares.

Contra esses concorrentes, a necessidade de fomentar a leitura torna-se um ato de resistência.

Para que alguém comece a ler, incorpore o hábito, é necessário um estímulo. Esse impulso pode ocorrer das mais diferentes formas, inclusive pelo conhecimento de relatos que dão conta da transformação positiva decorrente da leitura.

Neste livro, um grupo de brasileiros, de várias idades e com diversas formações, contou como determinado livro mudou sua vida. Não se trata de resumir as obras, mas de falar como o livro o inspirou, narrando uma experiência pessoal, demonstrando esse poder extraordinário de educação moral e ética proveniente da leitura.

São exemplos concretos — e exemplos, como se sabe, servem como poderosos professores.

> Entre esses tais estudava eu, em tão tenra idade, os livros da eloquência, na qual desejava sobressair com o fim condenável e vão de satisfazer a vaidade humana. Mas, seguindo a ordem usada no ensino desses estudos, cheguei a um livro de um tal Cícero, cuja linguagem quase todos admiram, embora o mesmo não aconteça com seu conteúdo.
> Esse livro contém uma exortação sua à filosofia, e se chama *Hortênsio*. Ele mudou meus sentimentos e transferiu para ti, Senhor, minhas súplicas, e fez com que meus votos e desejos fossem outros. De repente, mostrou-se vil a meus olhos toda esperança vã, e com incrível ardor de meu coração eu suspirava pela imortalidade da sabedoria e comecei a me reerguer para voltar a ti. Porque não era para limar o estilo — aperfeiçoamento que, parece, eu deveria comprar com o dinheiro de minha mãe, naquela idade de meus 19 anos, fazendo dois que morrera meu pai —, não era, repito, para limar o estilo que eu me dedicava à leitura daquele livro, nem era o estilo o que a ela me incitava, mas o que ele dizia.

Eis como, no final do século IV, Santo Agostinho, em suas *Confissões*, relata como um livro o transformou... Não fosse a obra de Cícero, talvez Santo Agostinho não tivesse se tornado o grande filósofo que foi. Nas nossas vidas, também funciona assim: há livros que abrem portas, iluminam caminhos, servem como revelações. Sem eles, ficaríamos na escuridão, tolhidos, privados de inspiração.

Foram colhidos, nesta obra coletiva, relatos desse poder de provocar mudanças e amadurecimentos, nos quais se enaltecem esses extraordinários e fiéis companheiros — e de como eles iluminam positivamente nossas vidas.

Leitores sabem que nossas vidas recebem o impacto não de apenas um, porém de muitos livros. Certamente, é difícil indicar esta ou aquela obra como "aquela" que mudou sua vida. Existem, entretanto, certos livros que, num momento particular, ganham uma força transformadora diferenciada. Os autores dos relatos reunidos neste livro narram esse encontro especial, contando como se deu esse impacto da leitura na sua história pessoal.

Possivelmente o leitor passou por experiências semelhantes. Talvez, tenha uma sensibilidade distinta acerca do mesmo livro. Esse tipo de reflexão demonstra que os livros, para que ganhem sentido, dependem também de nós, leitores. Afinal, os livros são apenas uma potência, uma possibilidade, aguardando um leitor que lhes dê sentido e significado. Jorge Luis Borges já havia identificado esse fenômeno:

> Pegar um livro e abri-lo guarda a possibilidade do fato estético. O que são as palavras dormindo num livro? O que são esses símbolos mortos? Nada, absolutamente. O que é um livro se não o abrimos? Simplesmente um cubo de papel e couro, com folhas; mas se o lemos acontece algo especial, creio que muda a cada vez.

Que este trabalho sirva de semeadura para novas leituras, assim como para promover encontros entre velhos amigos — o leitor e o livro.

A ROSA DO POVO, DE CARLOS DRUMMOND DE ANDRADE, POR ANTONIO CARLOS SECCHIN

1922 ainda não tinha chegado a 1965.

Com efeito, nos manuais de português do meu tempo de ginásio, o autor mais moderno, se assim podemos dizer, era Olavo Bilac, cujo livro *Poesias* remontava a 1888. O ensino do idioma incidia, principalmente, nas longas listas que tínhamos de decorar: as dos coletivos, dos femininos, dos plurais em "-ães", "-ãos" e "-ões", e por aí afora. "Aliá", feminino de elefante. "Panapaná", coletivo de borboleta. Palavras que, a rigor, só existiam nos próprios manuais. "Panapaná" talvez merecesse alguma sobrevida: décadas depois, um aluno da Faculdade de Letras da UFRJ, ao deparar com os versos, do século XIX, "Volúvel tribo/.../ Das borboletas", assegurou que Fagundes Varela era um defensor da causa indígena. O emprego do coletivo teria impedido tal interpretação.

Meu ginásio era o Pedro Álvares Cabral, em Copacabana, bairro onde nasci e onde vivi (e vivo), com poucas interrupções. Nas votações para homenagem da turma no Dia dos Mestres, eram contemplados professores de matemática, de geografia, de história; e havia sempre um solitário voto, o meu, para a professora de português. Nesse ano de 1965, para dona Marinês.

Guardo nítida lembrança de sua figura e, em particular, de sua metodologia: aulas a partir da leitura em sala de Monteiro Lobato. Com que encanto acompanhei, por exemplo, *Os doze trabalhos de Hércules*!

Poderia até dizer que esse foi o livro marcante de minha vida, não fosse um episódio de que Marinês foi protagonista, mas pelo avesso.

Um dia, resolveu apresentar-nos a "poesia moderna", a nós, ainda encharcados de parnasianismo, e que nem de longe desconfiávamos da prática, havia décadas, do verso livre: ausente do livro escolar, decerto não tinha qualquer importância.

Soou a voz da mestra: "É preciso fazer um poema sobre a Bahia.../ Mas eu nunca fui lá." Silêncio, estupor, seguido da gargalhada (quase) geral. Era isso a "poesia moderna"? O poema de Drummond tornou-se alvo de chacota. E logo voltamos, aliviados, a Olavo Bilac.

Mas algo me dizia que a poesia moderna não era (só) aquilo. No dia seguinte, enfiei-me no meu mais doce refúgio: a biblioteca regional do bairro. Cresci numa casa de poucos livros; aquele espaço mágico e acolhedor da Avenida Copacabana me parecia uma extensão de minha residência, com a vantagem de ter mais estantes e ser menos ruidoso.

Numa prateleira, localizei, do mesmo Drummond ridicularizado em sala de aula, a primeira edição (1945) de *A rosa do povo*. Foram dias e dias de inesquecível leitura, de descobertas e alumbramentos. Alguns poemas me pareciam herméticos, desafiadores, como se eles não gostassem de mim. Apesar disso, não desistia, procurando sempre dar-lhes sentido — o sentido que um menino de 13 anos conseguia atribuir. Mas posso dizer que a descoberta de *A rosa do povo* me abriu, com largueza, as portas da poesia.

A história, porém, não se encerra aí. Tornei-me bibliófilo, e, após décadas de buscas, agregou-se ao acervo da casa um exemplar da tiragem reduzidíssima (vinte exemplares) em papel *bouffant* de *A rosa do povo*, com dedicatória e dois autógrafos do poeta, como se o livro, vindo às minhas mãos, quisesse "retribuir" o amor que lhe dediquei. Já estaria de ótimo tamanho, não fosse o destino ainda mais generoso para comigo: anos depois, obtive, com um particular, os originais datiloscritos, com intervenções manuscritas, de uma obra de Drummond: *A rosa do povo*!

Por fim, já no século XXI, integrei, junto à Companhia das Letras, o conselho editorial responsável pela reedição de toda a poesia drummondiana. Cada conselheiro podia escolher um título para posfaciar, e suponho que não haja dúvidas quanto à minha escolha. Em 2012, publiquei, então, o ensaio "A rosa, o povo", fechando, com esse tributo, o ciclo amoroso iniciado 47 anos antes.

Em 2022, eu e o livro completamos Bodas de Lápis-Lazúli, mas creio que a lista alusiva à duração dos casamentos não constava do meu manual de português de 1965.

ROMANCEIRO DA INCONFIDÊNCIA, DE CECÍLIA MEIRELES, POR CÁRMEN LÚCIA ANTUNES ROCHA

Inconfidência: o livro

> *Ai, palavras, ai, palavras,*
> *que estranha potência, a vossa!*
> *Todo o sentido da vida*
> *principia à vossa porta;*
> *o mel do amor cristaliza*
> *seu perfume em vossa rosa;*
> *sois o sonho e sois a audácia,*
> *calúnia, fúria, derrota...*
> Romanceiro da Inconfidência
> Cecília Meireles

Livros compõem minha paisagem humana interna e externa.

Acordo no meio da noite e vem-me à lembrança que, na mudança de livros para ajeitar exemplares na apertada prateleira, deixei lado a lado dois autores que, segundo relatos ouvidos, não se davam bem em vida.

Entre o torpor do sono interrompido, a quentura boa da cama no meio da madrugada friorenta e a ideia de que os dois autores estariam se arreliando na aproximação dos exemplares, tento deixar de lado a ideia belicosa e ensaio conciliar o sono. Livros não brigam, penso. Os autores é que se desentendiam. E ainda em vida. Foram-se os dois, há mais de cinco décadas.

Minha ideia não adormece. Autores que se estranharam em vida... será que ciúmam ao se dar preferência a um ou a outro no lugar da biblioteca? Sinto-me leitora relapsa, desatenta aos ventos e desaventos havidos em vida pelos dois autores.

Levanto-me modorrenta e culpada. Ah, essa síndrome de Eva! Tudo é culpa e desculpa. Brigassem os dois no breu madruguento da biblioteca acanhada e espremida. Sonolenta, vou direto aonde tinha juntado os dois desafetos autores, aproximados pelo meu descuido, retiro um dos volumes da prateleira. Deixo o livro sobre a escrivaninha. De manhã resolvo. Deito de novo. Não penso mais no assunto.

A lembrança vem-me agora por pensar em livros. Ou sobre um. Que me tenha feito parar. Ou me empurrado a prosseguir. Livro que me tenha mudado.

Mas o que me muda na vida é a vida mesma. E alguma morte. Mas é no livro que, em forma de palavra, posso ver o meu sentir. Pelo livro tomo ciência da mudança. A palavra escancara o que a visão da alma entremostra. Livro às vezes é uma esquina, outras tantas, precipício. Já foi rede, balançando minha alma inquieta em alguma ocasião, mas foi também susto ou regalo em outras. Amansou-me alguma vez o lido. Exaltou-me do desânimo.

"Ai, palavras, ai, palavras", diria Cecília Meireles:

A liberdade das almas, ai! Com letras se elabora... E dos venenos humanos sois a mais fina retorta...

O *Romanceiro da Inconfidência* veio-me às mãos ainda adolescentes, eu cativa de uma biblioteca, único paraíso no internato e seus rigores. As horas mudas passadas ali eram tidas pelas freiras como disciplina e dever. Para mim, só prazer. As prateleiras derramavam mais olhares sobre nós que as lentes vigilantes que quase escondiam Mère Albaladejo, circunspecta atrás daquelas lupas gigantes.

Ali, Proust não me chegou à sombra das raparigas em flor. O broto não sabe da rosa, apenas se torna o que veio para ser. O caminho dos livros metamorfoseava a vida mesma e tudo parecia um sem-fim. A eternidade mostrava-se óbvia. Depois aprendi que, nesta trilha humana, nem sempre dá vau. Isso dá certo em placas de estradas. Na vida, a sinalização devia avisar apenas do imponderável logo à frente. Mas há sempre um livro a ensinar que pinguela é atalho quando a tormenta rompe margens aparentando querer tragar o mundo.

Sem saber onde anda o tempo a ser redescoberto, insisto em pesquisar o sentido de cada tempo. Os sentidos no tempo. E o tempo dos sentidos.

Naqueles corredores da minha adolescência encerrada, nomes como o de Proust pareciam cochichar segredos novos naquelas estantes surradas. Ele mesmo quase chegava a ser tratado como um velho conhecido.

Como Saint-Exupéry, que não me chegou como Pequeno Príncipe, senão como Correio Sul. Com ele soube, primeiro, que mesmo quando, nos confins da luta contra panes, que se sucedem na vida, poderia parecer mais confortável entregar-se e ceder ao frio da dormência que anestesia docemente, há que resistir e persistir: em algum lugar, alguém depende de nossas notícias alvissareiras de vida. Travessia nem sempre é escolha; as mais das vezes, é imperativo.

Daquelas horas de salas de aula monotonamente uniformizadas e de biblioteca magicamente variada, não foi a lição da ciência que primeiro me introduziu no gosto do estudo dos inconfidentes. Ai, palavras, ai, palavras! Cecília Meireles contava melhor:

Ambição gera injustiça.
Injustiça, covardia.
Dos heróis martirizados
nunca se esquece a agonia.
Por horror ao sofrimento,
ao valor se renuncia.

Cecília Meireles tinha chegado muito antes em minha casa. Nos idos de um tempo em que se recitava poesia, éramos chamadas a declamar que

*enquanto não têm foguetes
para ir à Lua
os meninos deslizam de patinetes
pelas calçadas da rua.*

Vieram os foguetes. Foram-se os patinetes. Mas a poeta continuava. E vieram os seus cânticos. Também não faltaram seus contos.

E numa Minas feita de confidências e de inconfidências contou-nos Cecília Meireles a epopeia do que não foi. Nossa história tão brasileira ("*meu Brasil brasileiro*", cantaria Ary Barroso), que poderia ter sido outra, mais de uma vez, mais uma vez, quase outro Brasil! Mas, não, avisava a poeta:

*Ainda vai chegar o dia
De nos virem perguntar:
— Quem foi a Chica da Silva,
Que viveu neste lugar?
(Que tudo passa...
O prazer é um intervalo na desgraça...)*

Vila Rica ressurgida nos versos cecilianos grandiosos. Reverente àquela vila do século XVII, Ouro Preto da década de 1950 do século XX parece recolher-se brevemente para oferecer suas ladeiras e pedras cravadas pela história à lírica poética da narrativa romanceira. A devassa tem rimas. A história, rumos. Ai, palavras...

*O passado não abre a sua porta
e não pode entender a nossa pena.
Mas, nos campos sem fim que o sonho corta,
vejo uma forma no ar subir serena:
vaga forma, do tempo desprendida.
É a mão do Alferes, que de longe acena.*

Da descrição dos lajedos, a busca incansável do ouro, a vida vivida e a sonhada percorrem versos, relembram figuras, descrevem fatos. Existências contadas:

Ai, que chicotes tão duros,
e que capelas tão douradas!
Ai, que modos tão altivos,
e que decisões tão falsas...
Ai, que sonhos tão felizes...
Que vidas tão desgraçadas!

Leio e releio Cecília Meireles como quem se lembra do que não viveu.
Com ela habito a Vila Rica sussurrante e tensa, o ouro disputado, a ordem arrochada, a ganância inflamada, a traição instalada, a sentença equivocada. Dramas podem ser líricos. Cecília Meireles destila a frágil humanidade do processo.
E revela a testemunha falsa. De antes? De então? De quando?

Direi quanto for preciso,
tudo quanto me inocente...

Que alma tenho? Tenho corpo!
E o medo agarrou-me o peito...
E o medo me envolve e obriga...
— Todo coberto de medo,
juro, minto, afirmo, assino.
Condeno. (Mas estou salvo!)
Para mim, só é verdade
aquilo que me convém.

Cecília Meireles escaneia o humano. Século é calendário. A humanidade pouco muda. Os sonhos de liberdade e alegrias por igual se mantêm. E há o drama da Justiça humana, fragilidades, cruezas e ilusões:

*Considerai no mistério
dos humanos desatinos!...
e no polo sempre incerto
dos homens e dos destinos!
Por sentenças, por decretos,
pareceríeis divinos;
e hoje sois, no tempo eterno,
como ilustres assassinos.*

Na jornada dos homens, o momento é outro. Experimenta-se ambiência atual. Mas o olhar deixa transparecer, na base, a mesma soma de valores humanos, de necessidades, de gostos buscados.

O *Romanceiro* parece obra sobre a memória de um país que teima em ser sem lembrança, mas tem um povo a clamar por saber seu passado para cumprir o papel de torná-lo verdadeiramente pretérito, o que não parece ter sido feito até aqui.

Todas as inconfidências brasileiras — a de Vila Rica, a da Bahia ou mesmo a do Rio de Janeiro e tantas que não receberam esse título, meras ações articuladas, libertárias — são consideradas movimentos de homens e mulheres a procurar caminhos para se verem libertos de grilhões das tantas matérias que assolaram e ainda insultam e indignam os povos destas plagas.

Ensina a história ser ela de repetição quando não se cuida de com ela aprender, para, somente então, fechar o livro do passado, abrindo-o apenas para rever o acabado.

Nós, brasileiros, deixamos trilhas abandonadas ou inacabadas e a retomamos uma que outra vez. Talvez a história humana seja um recomeçar permanente, na tentativa de avançar para além do desconhecido que apavora as gentes. Não se desconhece que o impulso de liberdade convive com o interesse do mando. Há que estar atento para cuidar permanentemente de fazer prevalecer o que alarga a humana forma de viver segundo a vocação de cada um combinada com a necessidade de todos.

Cecília Meireles põe em verso a prosa difícil sobre força e fraqueza humanas, respeito e desrespeito, fé e desconfiança, traição e sonho de liberdade para sempre.

E vem pandemia, e vem pandemônio, não se sabe o presente, desconhecido o futuro, mal sabido — no caso brasileiro — até o passado, ficam para sempre as palavras a impedir que se esqueçam o som da humanidade e todas as suas inseguranças e possibilidades. Incerteza não impede a fé. A dúvida faz parte. O sonho, também:

Que tempos medonhos chegam
depois de tão dura prova?
Quem vai saber, no futuro,
o que se aprova ou reprova?
De que alma é que vai ser feita
Essa humanidade nova?

Humanidade é construção. Desumanidade, idem. O que se faz e desfaz é escolha e ação de cada um e de todos nós. Que nos livros haverão de ficar. Ai, palavras…

Belo Horizonte, 18 de abril de 2021

MADE IN JAPAN, DE AKIO MORITA (COM EDWIN M. REINGOLD E MITSUKO SHIMOMURA), POR CHIQUINHO BRANDÃO

Posso dizer que sou um leitor voraz, mas não exatamente de livros. Leio muitos jornais e revistas, passo o dia lidando com informação, preciso estar sempre atualizado com as notícias por conta do trabalho, e quase não sobra tempo para a literatura, que, bem ou mal, nunca foi o meu forte.

Mas existe um livro que me marcou profundamente e com certeza mudou minha vida. É *Made in Japan*, biografia do japonês Akio Morita, o revolucionário fundador da Sony. Muito do que realizei até hoje devo a essa leitura e à identificação com os princípios do autor, que ajudaram a nortear os rumos e a condução dos negócios naqueles primeiros anos da minha empresa, que na época contava apenas com alguns poucos funcionários.

Demorei bastante até encontrar um caminho na vida profissional. Nunca fui dos melhores alunos da escola e não cheguei a me formar na faculdade. Comecei a trabalhar cedo e tentei a sorte nos mais variados ramos de atividade: fui estagiário num escritório de advocacia, agente de turismo, corretor de imóveis, tive emprego em banco e trabalhei com moda antes de fundar, no início da década de 1980, a Promoshow, que mais tarde se tornaria a FSB Comunicação.

Os primeiros anos como empresário foram bastante difíceis. Comecei como promotor de eventos e depois passei a trabalhar com assessoria de imprensa, buscando um novo modelo de negócio numa época em que essa área era pouco valorizada. Os veículos de imprensa e as agências de publicidade contratavam as pessoas mais talentosas do mercado, então era complicado montar uma equipe qualificada que acreditasse naquele projeto e pudesse ajudar a empresa a crescer.

Foi nessa época que li *Made in Japan*, e foi uma verdadeira revelação. Estava à procura de boas ideias, queria entender melhor a cabeça dos empresários de sucesso, cheguei a ler vários outros livros — como a autobiografia do americano Lee Iacocca, que tinha salvado a Chrysler da falência —, e acabei descobrindo que tinha muitas afinidades com os valores apresentados por Akio Morita na sua obra. Achei que valia a pena seguir aqueles princípios na construção da FSB, e procurei adaptar as ideias dele à minha vida profissional desde então.

Está tudo ali: o papel da organização e da disciplina no ambiente de trabalho, a importância de buscar incansavelmente gente talentosa e esforçada para ajudar a empresa a prestar um bom serviço, a preocupação com a qualidade em cada detalhe do processo e a necessidade de entregar ao cliente sempre mais do que ele espera. Todos esses valores se revelaram fundamentais para criar um negócio bem-sucedido, portanto busquei seguir à risca as lições de sucesso do mestre japonês.

Morita iniciou sua trajetória de empresário na segunda metade dos anos 1940, num país devastado pela guerra. Enfrentou todo tipo de dificuldade e não teve medo de trocar uma posição segura nos negócios da família — seu pai era dono de uma fábrica de saquê — pelo risco de um empreendimento inovador no ramo da eletrônica, no qual ele realmente gostava de trabalhar.

Quando Morita publicou sua autobiografia, quarenta anos depois, a Sony Corporation era uma das marcas mais reconhecidas e respeitadas do planeta, e a expressão "*Made in Japan*" estampada em seus produtos havia se transformado de algo quase pejorativo num verdadeiro sinônimo de qualidade.

A sua capacidade de olhar sempre para a frente, de abandonar práticas ultrapassadas para implementar novas estratégias, de enxergar as inevitáveis transformações de um mundo cada dia mais veloz, o modo como ele identificou lá atrás o quanto esse mundo logo ficaria pequeno e sua visão de longo prazo para as metas da empresa — tudo isso bateu forte desde a primeira leitura e serviu de inspiração para muita coisa que passei a implementar a partir dali no meu negócio.

O respeito aos valores familiares, o olhar aberto para as diferentes culturas, a humildade de tentar compreender e extrair o melhor de cada uma delas, a valorização da educação e a disposição para aprender com as novas experiências, e até mesmo — ou principalmente — com os fracassos, também foram lições importantes que ficaram marcadas na leitura. Ele fez questão de levar os filhos para viajar para diferentes lugares e para estudar fora do Japão, justamente para que pudessem aprender a transitar melhor num mundo cada vez mais globalizado.

E essa visão das pessoas, a atenção para a experiência do outro, seja um sócio, um parceiro, um funcionário ou um cliente, talvez tenha sido o que mais me chamou atenção em todo o livro. A ideia de investir nos relacionamentos, de valorizar os trabalhadores, de compartilhar os resultados, de montar boas equipes e de criar uma identidade forte com a empresa — com todos trabalhando juntos num objetivo comum, com foco em inovação e criatividade — é uma verdadeira receita de sucesso para os empresários que estejam realmente dispostos a segui-la com dedicação e objetividade.

No meu caso, a leitura do livro de Akio Morita ajudou a construir uma empresa pautada nesses valores e que felizmente tem sido muito bem-sucedida em quase quarenta anos de existência. E acho que a maior conquista não se mede apenas nos números, no balanço ou nos resultados, mas na criação de um negócio que tenha alma, onde as pessoas tenham inspiração e disciplina para conquistar suas metas e possam crescer junto com a empresa. Naqueles primeiros anos, enquanto iniciava a carreira de empresário e a FSB começava a ganhar corpo, foram as lições tiradas desse livro que me ajudaram a entender a verdadeira alma do negócio.

Akio Morita morreu em 1999, aos 78 anos. *Made in Japan*, publicado no Brasil em 1986, foi um livro tão importante para minha formação como empresário que em 2016 eu e meus sócios tomamos a iniciativa de entrar em contato com a Morita Foundation, no Japão, para republicar uma edição da obra, fora do comércio, para distribuição gratuita entre os colaboradores, clientes e amigos, de modo a compartilhar essa história, essas lições e esse legado. O mundo mudou muito nessas três décadas desde que o livro foi lançado, mas os princípios não mudam. E se um dos piores alunos da turma conseguiu aprender tanto com um livro, é porque a leitura vale mesmo a pena.

DEZ DIAS QUE ABALARAM O MUNDO, DE JOHN REED, POR DAVID ZYLBERSZTAJN

Tive uma típica formação de classe média, de uma família de primeira geração de imigrantes, morando parte da vida com meus pais, irmão e avó em um apartamento de 120 m² na então aristocrática rua do Catete, vizinho do palácio de mesmo nome, onde durante muito tempo morou o presidente da República, até o suicídio de Getúlio Vargas, em 1954, ano de meu nascimento.

Certo dia, voltando do Colégio Estadual Amaro Cavalcanti, no Largo do Machado, onde estudava, chego em casa e sinto um estranho cheiro de queimado vindo do único banheiro da família.

A cena era minha mãe rasgando e queimando livros na banheira, utensílio muito comum nos apartamentos daquela época. Fazia pequenas pilhas, cobria com álcool e jogava um fósforo. Aquele momento Fahrenheit 451 foi uma inflexão em minha vida. Sem entender no momento o que viria a entender algum tempo depois, instintivamente "capturei" dois livros. De um deles, não guardo lembrança. O outro era *Dez dias que abalaram o mundo*, do jornalista John Reed. Eu tinha, estimo, algo próximo de 14 anos.

Reed foi um jornalista americano, nascido no Oregon em 1887. Apesar de formado em Harvard e de ter se tornado o mais bem pago jornalista da imprensa americana, Reed sempre manifestou abertas convicções socialistas, tendo sido, inclusive, um dos fundadores do Partido

Comunista Operário Americano. Como correspondente, Reed tornou-se uma referência em relação a reportagens históricas: cobriu, por exemplo, a Revolução Mexicana, em 1913 (publicou *México insurgente*, em 1914), e a Primeira Guerra Mundial. No entanto, sua cobertura sobre a Revolução Russa de 1917 ensejou a publicação, em 1919, do livro que salvei das chamas. *Dez dias que abalaram o mundo* revelou em termos planetários nomes como Vladimir Ilyich Ulyanov (Lênin) e Lev Bronstein (Trotsky) e seu Partido Bolchevique, defendendo "Paz, terra e pão" e "Todo poder aos sovietes".

Segundo diversos biógrafos, boa parte da obra de Reed é ficcional, mas ali está refletida a essência daquele período. O mesmo se diz do primoroso filme de Eisenstein, que reflete de forma fiel o livro, dez anos após a sua publicação.

Li o livro de ponta a ponta, recheado de "proclamações" de Lênin (Presidente do Conselho dos Comissários do Povo) ao povo da Rússia, começando por "Camaradas operários, soldados, camponeses, todos trabalhadores!" ou lendo os decretos do Comitê Militar Revolucionário voltados "Para todos os cidadãos honestos", em um dos quais "Espoliadores, saqueadores e especuladores são declarados inimigos do povo…". Ou outro sobre o monopólio da publicidade. Ou ainda um em que o Conselho dos Comissários do Povo nomeou um comissário para a luta contra a embriaguez.

Tudo aquilo que viraria cinzas e fumaça encontrou um ambiente doméstico no que se poderia nomear como a mais perfeita demonstração de sincronicidade. Como já mencionado, sou neto e filho de imigrantes da Europa Central, refugiados por conta da fome e perseguições a judeus comunistas na Polônia, chegados ao Brasil no início dos anos 1930. Meus avós paternos se enquadravam no perfil de muitos dos personagens descritos por John Reed.

Meu avô homônimo (apesar de Dawid, com W) foi líder comunista na cidade do Rio de Janeiro, ao ponto de em alguns anos da ditadura getulista ser "recolhido" em casa pela polícia dois dias antes do 1.º de maio, e devolvido passadas as comemorações oficiais. Foi um dos fundadores do Clube dos Cabiras, nos anos 1930, um "antro comunista judaico". Havia também a Biblioteca Scholem Aleichem e alguns anos depois, o Colégio Scholem Aleichem, onde estudei e do qual fui presidente do Grêmio Estudantil, durante os anos 1970 na ditadura militar. Havia na comunidade judaica uma forte cisão entre grupos ditos sionistas e grupos comunistas (os *roiters*, vermelhos em ídiche), cisão essa que se aprofundou durante a Guerra Fria. Não conheci meu avô, morreu prematuramente, mas, durante anos, seus velhos *tovarishchi*, ao me encontrarem ainda bem menino, seguravam minha bochecha e faziam rasgados elogios ao meu avô.

Minha avó, Fajga, com quem convivi enquanto esteve entre nós, inclusive no período em que morou em nossa casa, era o exemplo da solidariedade por todos os poros. Tinha armários lotados de roupas e tudo que pudesse ser doado às populações para quem ela vendia como prestamista. Não tenho dúvida de que feito o balanço do que ela arrecadava em fiados infinitos era sempre aquém do que o valor do que ela aportava às famílias. Durante as constantes tragédias climáticas que assolavam o Rio, ocupava o telefone da casa arrecadando roupas, colchões, material de construção para seus "fregueses". Foi uma das fundadoras da Colônia de Férias Kinderland, inicialmente voltada ao acolhimento de órfãos da Segunda Guerra e posteriormente um oásis de liberdade política e formação de adolescentes para as causas próprias de mulheres que de forma voluntária se engajavam em ações humanitárias, de solidariedade e respeito aos direitos humanos. Um dos maiores orgulhos de minha avó foi ter nascido em 1.º de maio, e o outro, sua amizade com Luís Carlos Prestes.

Meu pai, Abram, tinha uma atuação, ao menos para nós em casa, mais discreta. Certa vez me contou uma história de um velhinho que morou em nossa casa, quando morávamos em Olaria, bairro suburbano do Rio de Janeiro. Eu deveria ter uns cinco anos de idade e o velhinho muitas vezes foi uma espécie de *baby-sitter* para mim e meu irmão. O "velhinho" era Giocondo Dias, então secretário-geral do Partido Comunista Brasileiro, que não morava, e sim se escondia em nossa casa. De certa feita, segundo contou-me Abram, Giocondo sofreu um atropelamento ao atravessar uma linha férrea próxima de casa. Coube a meu pai procurá-lo no hospital e garantir aos parceiros do Partidão que a pasta que Giocondo portava estava sã e salva.

Esse caldo era engrossado pelo mundo sob as tensões permanentes da Guerra Fria. Não é difícil adivinhar o quanto a combinação John Reed e, principalmente, dona Fajga (como era conhecida minha avó) pautou a minha vida. Reed era o manual, dona Fajga era a prática. Muito provavelmente alguns dos autores desta coletânea a conheceram, o que é certo para muitos dos nossos leitores.

Tive minha vida forjada em ambiente em que ideias socialistas eram o veio natural que levaria à minha constante busca e questionamento sobre o equilíbrio entre a utopia e o pragmatismo, que muitas vezes a vida nos exige.

Este pequeno depoimento me empurrou para cavar na memória lembranças e sentimentos cuja gênese foi um livro salvo das chamas, que aproximou através de um ideário amigos que guardo e com os quais convivo até hoje. Longe de permanecermos bolcheviques sonhadores, frustrados ou ressentidos, o relato de John Reed nos mostrou caminhos e alternativas, o que muitas vezes fez com que tentassem grudar em mim a etiqueta de socialista, esquerdista, liberal, ultraliberal ou mesmo neoliberal. Aprendi a conviver com as contradições do capitalismo e as agruras e os limites do socialismo.

Talvez, se viva estivesse, minha avó Fajga ficasse um pouco decepcionada com algumas ações de seu neto, o que seria compreensível. Porém, o relato de Reed salvo da fogueira fez-me trilhar minha vida adulta no que tenho certeza de que assim o fiz com consciência e conhecimento.

CARTAS A UM JOVEM ESCRITOR, DE MÁRIO DE ANDRADE, POR FABIO ALTMAN

(o livro)
Cartas a um jovem escritor
Remetente: Mário de Andrade
Destinatário: Fernando Sabino

(assina)
Fabio Altman

Não é ainda o livro que tenha mudado minha vida, e desconfio que não tenha mudado a vida de ninguém, mas vá lá, cabe como prólogo do que virá. Numa de suas melhores crônicas, "Buraco negro", o mineiro Fernando Sabino (1923–2004) culpou duas entidades pelas dores do cotidiano: o Caboclo Ficador e o Caboclo Escondedor. Assim, na prosa de Sabino:

O Caboclo Ficador me fez esquecer a chave do carro, voltei para apanhá-la; já estava dentro do carro quando dei por falta da carteira de dinheiro, fui buscá-la; de novo no carro, vi que deixara outra vez a chave em casa. Foi preciso, como sempre, uns bons quinze minutos de concentração e revista geral nos bolsos, para ver se não havia esquecido mais nada. E finalmente o Caboclo Ficador me deixava partir.

O "Escondedor" é mais ardiloso e, para o cronista,

é ele que faz com que eu não saiba onde meti os óculos, e saia revirando a casa, para descobri-los no alto da cabeça, quando, já tendo desistido, me olho ao espelho do banheiro para pentear os cabelos. Em compensação, não encontro o pente. É ele quem esconde a caneta entre as páginas de um livro, atira o talão de cheques na cesta de papéis, enfia a penca de chaves entre as almofadas do sofá.

Os livros, e vamos chegando ao livro que mudou minha vida, são vítimas prediletas do Caboclo Escondedor (os de papel, ressalve-se, porque os eletrônicos, é uma pena, nunca se disfarçam). Somem nas mudanças, somem nas reformas, somem quando são emprestados, somem, somem — mas se desaparecem tantas vezes é porque reaparecem outras tantas, com a providencial ajuda de algum tipo de figura "Achadora", prima próxima do Ficador. Nunca mais tinha visto aquele livrinho de capa branca já amarelada pelo tempo, de apenas 143 páginas, frágil, comprado na Livraria Siciliano, na Barão de Itapetininga, no centro de São Paulo. Mas eu sabia que ele existia, porque um trecho em especial nunca me saiu da cabeça. E não é que outro dia, dia de mudança, ele voltou a dar as caras? Está aqui, *Cartas a um jovem escritor*, cujo remetente é Mário de Andrade (1893–1945) e o destinatário, Fernando Sabino. É um pequeno diamante. São as cartas enviadas pelo autor de *Macunaíma* para um escritor ainda iniciante, que tivera a coragem de procurar o mestre de modo a apresentar suas invencionices literárias. As missivas são apenas de Mário (anos depois lançaram uma edição com as respostas de Sabino, mas aí perdeu um pouquinho da graça, como quem quebra a mágica da imaginação). O paulista tinha de 48 para 49 anos. O mineiro, de 18 para 19. As cartas saíam do número 546 da rua

Lopes Chaves, no bairro da Barra Funda, em São Paulo, a quem Mário de Andrade citava aqui e ali, em verso e prosa.

Nesta Rua Lopes Chaves
Envelheço, e envergonhado
Nem sei quem foi Lopes Chaves.

Mamãe! me dá essa lua,
Ser desconhecido e ignorado
Como estes nomes de rua.

Tivesse o Google à disposição, ele saberia que o Lopes Chaves foi Joaquim Lopes Chaves (1833–1909), formado em Direito pela Faculdade de São Francisco, vereador, deputado e senador pelos partidos Conservador e Republicano. Outro dia, enquanto pensava no que escrever a respeito de *Cartas a um jovem escritor*, peguei o carro, em um desses domingos da pandemia, mascarado, e fui até a Lopes Chaves. A residência hoje é um simpático museu e um centro de cultura, um tanto perdido em meio à pauliceia desvairada, entre concessionárias de automóveis, postos de gasolina e casas caindo aos pedaços. "Mamãe! me dá essa lua,/ Ser desconhecido e ignorado/ Como estes nomes de rua."

Mas e aquele trecho, o tal trecho que ainda hoje ecoa, que começa na página 15 e segue como um rio que flui? É bonito demais, e o copio aqui com a grafia original.

S. Paulo, 10 – 01 – 42
Fernando Tavares Sabino
Si você quiser continuar sendo escritor, antes de mais nada tem que encurtar o nome. Tavares Sabino, Fernando Tavares, Fernando Sabino. O que é impossível é Fernando Tavares Sabino. Me desculpe esta sinceridade e entremos pelas outras.
Muita ocupação, só nesta noite de sábado pude ler seus contos e lhe escrevo imediatamente, enquanto a impressão é nítida. Saio do seu livro com a convicção de que você é um escritor, é um artista. Não que

o livro seja bom, mas é uma estreia excelente, uma estreia promissora, denunciando fartas possibilidades.

Antes de mais nada: eu achava que os estreiantes deviam pôr nos seus livros a idade que têm. Que idade tem você? Isso importa extraordinariamente nesse caso como o seu, por causa justamente das possibilidades fartas. Se você está rodeando os vinte anos, de vinte a vinte e cinco, como imagino, lhe garanto que seu caso é bem interessante, que você promete muito. E o livro, neste caso é bom. Mas si você já tem trinta ou trinta e cinco anos, já estudou muito (você parece de fato se preocupar com a expressão linguística) e está homem-feito, não lhe posso dar aplauso que valha. Neste caso o livro fica medíocre, sem o menor interesse. É apenas um de muitos.

Numa outra carta, certamente ao ser informado por Fernando Sabino de sua idade, é o que se intui, Mário de Andrade pôs ponto-final na dúvida: "Dezenove anos... que coisa fantástica ter dezenove anos!"

Pois é, que idade boa de se ter — embora Paul Nizan, em *Áden, Arábia* (1931), um clássico das letras francesas do século XX, tenha alertado, um tanto derrotista:

Não me venham dizer que é a mais bela idade da vida. Tudo ameaça um jovem de destruição: o amor, as ideias, o afastamento da família, o ingresso no meio dos adultos. Custa-lhe aprender o seu lugar no mundo.

Mas fiquemos com Mário de Andrade e não — para puxar um outro exemplo, com o perdão pela avalanche de nomes — o genial reacionário Nelson Rodrigues (1912–1980). Numa de suas últimas entrevistas, meses antes de morrer, o autor de *Vestido de noiva* (1943) chegou a fazer uma recomendação, instado a dizer algo a respeito dos estudantes que saíam às ruas nos primeiros anos depois da abertura democrática: "Jovens, envelheçam rapidamente." Bobagem, porque "que coisa fantástica ter 19 anos". *Cartas a um jovem escritor* precisa ser lido e relido, está tudo lá, como uma lição de vida, a lição de um amigo. Seus conselhos valem para quem começa a escrever, sim, mas valem para quase tudo — inclusive para quem começa a ler, à procura do livro de sua vida. Evidentemente a maturidade pode trazer surpresas literárias, não é impossível encontrar o livro de uma vida na idade adulta, mas é improvável. Vale bisar o trecho mais adesivo daquela carta de Mário de Andrade, admitindo que ele se refira a alguém que, tendo vencido o Caboclo Escondedor, puxou um livro da estante e começou a lê-lo:

> Se você está rodeando os vinte anos, de vinte a vinte e cinco, como imagino, lhe garanto que seu caso é bem interessante, que você promete muito. E o livro, neste caso é bom. Mas si você já tem trinta ou trinta e cinco anos, já estudou muito (você parece de fato se preocupar com a expressão linguística) e está homem-feito, não lhe posso dar aplauso que valha.

Ah, ia me esquecendo. Pelos meus cálculos, supondo ter comprado *Cartas a um jovem escritor* logo que foi lançado, em 1981, e acho que foi isso mesmo, eu tinha 18 anos. Por isso me lembro dele até hoje. Tivesse lido ontem, ontem mesmo, teria esquecido — e não haveria Caboclo Ficador capaz de me fazer voltar a ele. Salve, então, a traquinagem do Caboclo Escondedor, a quem devemos sempre agradecer. Ele fez do livro da minha vida dois: o da juventude, aquele que li na idade de Fernando Tavares Sabino, e o de agora, na madureza, reencontrado e redescoberto.

BOUVARD E PÉCUCHET, DE GUSTAVE FLAUBERT, POR FERNANDA TORRES

Virgem

Foi em 1984, durante as filmagens de *A marvada carne* na cidade de Juquitiba, a 200 km de São Paulo, que primeiro ouvi falar de *Bouvard e Pécuchet*.

Não sem reticências, o diretor André Klotzel escolhera a mim, uma carioca da gema, para encarnar a Nhá Carula, uma caipira de raiz, saída da obra de Carlos Alberto Soffredini. Era meu segundo filme e primeira experiência em locação.

No Rio, todos nós, atores e diretores aspirantes, sonhávamos em ser Asdrúbal. Fazia-se teatro de improviso, guiado pelo Deus Odara de Caetano e Gil.

Eu ainda me vestia de hippie, quando fui apresentada àqueles rapazes de blusa cinza abotoada até o pescoço e óculos grossos de tartaruga. Gente séria, até quando fazia piada, com mestrado na USP e bem mais informada e marxista do que o pessoal da orla. A Pauliceia falava de filmes que eu nunca vira, de livros que eu nunca lera e músicas que eu nunca ouvira.

Fernando Meirelles e Marcelo Tas desconcertavam a República com Ernesto Varela, e Arrigo Barnabé esmerilhava em Clara Crocodilo. Nas rádios, os Titãs despontavam com "Sonífera Ilha", e Antunes

Filho formava atores capazes de encarar Shakespeare, Nelson Rodrigues e Mário de Andrade.

Numa época em que o Japão era tido como a meca retrô futurista dos mais antenados, a imigração japonesa ainda garantia a São Paulo o luxo de consumir *sushis*. Criada à base de escalopinho com arroz à piemontese do La Mole, eu descobria, perplexa, que a jeca, ali, era eu.

E foi assim, numa pausa entre cenas, num campo arado do matão, que me atentei à prosa do muito douto assistente de direção, Walter Rogério. Walter cantava as glórias de um *sushi* consumido na Liberdade, quando emendou o elogio à picância do *wasabi* com a euforia pela reedição de *Bouvard e Pécuchet* pela Nova Fronteira.

Pensei que *Bouvard e Pécuchet* fosse alguma especiaria francesa, mas o que a Nova Fronteira teria a ver com aquilo?! Sem que eu percebesse, a conversa havia migrado da culinária para a literatura.

Devo ter feito uma cara de paisagem tamanha que Walter veio em meu socorro. Gentil, me explicou que aqueles eram os nomes dos dois heróis que davam título ao último romance escrito por Gustave Flaubert, antes da sífilis levá-lo a óbito. A obra póstuma, e inacabada, vinha acrescida do *Dicionário de Ideias Feitas*, uma enciclopédia impagável de lugares-comuns do autor. Esse era o combo que a Nova Fronteira reeditara em português.

Tive inveja do Walter, curiosidade e inveja daquelas alegrias todas. Jurei, em silêncio, engolir o tal bolinho de peixe cru com pimenta verde e ler *Bouvard e Pécuchet*.

Até hoje, tenho fetiche com o volume que adquiri assim que retornei à civilização. Uma capa branca, com o título em vermelho e a foto do escritor careca e bigodudo sobre um fundo rococó amarelo. Quando perdi meu velho exemplar folheado, lido e ensebado, numa das tantas mudanças que fiz pela vida, pedi a Rubem Fonseca que me emprestasse o dele para xerocá-lo. O livro havia saído de circulação outra vez. Rubem cedeu ressabiado, fazendo-me jurar que o devolveria. Ainda guardo a cópia encadernada em espiral.

A cópia... nada mais adequado para conservar a fábula dos dois copistas.

François Denys Bartholomée Bouvard e Juste Romain Cyrille Pécuchet se conhecem por acaso, numa tarde quente de 1838, diante do canal de Saint-Martin, em Paris. Quando Bouvard herda uma fortuna inesperada, ele propõe ao amigo abandonar o emprego, a cidade e se mudar para uma propriedade no campo, onde ambos poderiam se dedicar à elevação do intelecto e do espírito.

Capítulo por capítulo, a dupla explora todas as áreas do conhecimento humano. Tendo como bússola a ciência, eles seguem manuais e manuais de agricultura, química, medicina, biologia, geologia e arqueologia; arquitetura, urbanismo e história; literatura, gramática e estética; política e amor; ocultismo e teologia; filosofia, religião, música e educação. O saber, no entanto, se revela enganoso e todo o empenho termina sempre em fracasso.

Na prática, a teoria é outra.

Os vegetais cultivados segundo os mais rígidos preceitos da agronomia morrem pela seca ou pelo excesso de chuva; a arqueologia os transforma em acumuladores de quinquilharias; os remédios levam à doença; a ginástica, à exaustão; a filosofia, ao suicídio; o amor, à depressão, e a pedagogia, ao assassinato do gato da casa, cozido num caldeirão pelos dois pivetes arregimentados para o experimento.

Suspeita-se que a obsessão pelo livro tenha sido uma das causas que levaram o autor à morte. Flaubert devorou mais de 1.500 volumes para compor a farsa que demoliria os fundamentos do século XIX, dando vazão "à raiva e ao desgosto com seus contemporâneos". E o fato de ter deixado o livro inconcluso permite ao leitor conhecer o processo de criação do gênio, seus rascunhos e apontamentos, cada vez menos precisos, até terminarem em lugar nenhum.

Eu nunca lera, e nunca li, algo tão cínico e furioso, tão hilariante e trágico. A caipira do Baixo Leblon, que buscava a erudição, descobria, com os dois copistas, o quão inútil é a ilustração.

Bouvard e Pécuchet me impactou de tal forma que, na sequência, dei cabo de *A educação sentimental*, *Madame Bovary* e *Salambô*, deixando a dever *As tentações de Santo Antão*. Foi o primeiro autor que li em série. Para os que se sentirem fisgados pelo veneno do Gustave, também aconselho a leitura de *O papagaio de Flaubert*, de Julian Barnes, um livro fino e espirituoso, que também trucidei durante a febre.

Flaubert me tornou uma atriz cínica, um traço que guardo até hoje no meu trabalho. E quando leio Machado, enxergo Flaubert; e quando leio Nelson; e quando folheio o jornal ou ando na rua. O misto de realismo e sarcasmo ficou para sempre impregnado em mim, como a origem do meu ceticismo, de um niilismo que tanto diverte quanto deprime.

E mesmo agora, neste planeta que perdeu os trilhos, quando nem a religião nem a ciência parecem capazes de nos salvar, não conheço outro autor que traduza de forma tão aguda o pasmo ridículo dessa besta-fera chamada homem.

Perdi a virgindade com *Bouvard e Pécuchet*; agora, não tem mais volta.

ÉTICA A NICÔMACO, DE ARISTÓTELES, POR GABRIEL CHALITA

Ética a Nicômaco e o verão dos meus sentimentos

Era verão. Decididamente, era verão. Eu ainda expulsava a adolescência de mim com as suas impaciências todas. Estudar filosofia era autorizar o silêncio a ser um companheiro mais prolongado. E a atenção. E a demora necessária para que um texto vá se entranhando dentro da gente.

Era verão, fevereiro, certamente. O espaço era o Seminário de Filosofia de Lorena, uma cidade de lindos ipês-amarelos do interior de São Paulo. Cidade de palmeiras imperiais. Cidade de tradição de um Vale do Paraíba que descansa sobre duas exuberantes serras, a do Mar e a da Mantiqueira. O seminário, dos padres salesianos, tinha a tradição sonhada por Dom Bosco. E professores que nos abriam os olhos para ver o que só veem os que têm oportunidade.

Eu morava em uma cidade próxima, Cachoeira Paulista. Cidade iluminada por cenários pacatos de um interior como tantos e como nenhum outro. Cachoeira foi onde nasci. Nasci para o mundo e nasci para os livros.

Não muito distante de onde eu morava, havia um asilo. Um asilo onde morava Ermelinda. A primeira, de que me lembro, emprestadora de livros. Os livros, eu já visitava suas folhas sem entender as palavras, quando pronunciava, seguidamente, as mesmas letras no colo da minha tia Leila. Le e le e le e le e le… era o que eu repetia virando as páginas. Tia Leila virou Lelê. E, impertinentemente, eu exigia leituras na casa onde morávamos e onde moravam quintais com hortas e árvores frutíferas. Onde moravam galinhas às quais eu proibia, autoritário que era, qualquer destinação a não ser a de nos oferecer ovos e algazarras.

No asilo, eu ia acompanhando minha mãe. Minha mãe gostava de levar rezas para visitar os velhinhos. E eu achava bonito. E achava bonito o apelo de Ermelinda para que eu conversasse com ela. Eu tão menino e ela tão acumuladora de sabedorias.

Fui avançando na infância e frequentando o asilo sem minha mãe. Todos os dias. Todos os dias ouvindo as histórias intermináveis de Ermelinda. Não havia ninguém ali disposto a gastar os dias ouvindo seu repertório sobre a sua vida e as vidas que ela lia nos livros. Palavras novas foram fazendo parte de mim, aos cinco, aos seis, aos sete anos. Como gostei de aprender a palavra "baldeação". "Aonde você vai, meu filho?" "Vou à cozinha, mãe. Mas, antes, vou fazer uma 'baldeação' pelo banheiro." Foi uma conversa que tive com minha mãe absorta com meu vocabulário. Ou quando disse ao meu pai que considerava "pernósticos" os que viviam sem dúvidas. Meu pai, o homem mais bondoso que conheci, sorriu com a satisfação dos que não precisam entender para acreditar.

Ermelinda, com o passar dos anos, foi me emprestando livros. Alguns difíceis para a minha idade. Mas eu lia. Na volta ao asilo, ela perguntava:

— Você leu, Gabriel?
— Li, sim.
— Você gostou?
— Muito.
— Entendeu?
— Não, mas gostei muito.

Ermelinda, então, sorria. E me abraçava ao seu mundo. E me explicava que eu prosseguisse, que as palavras tinham poder de encantamento. E que, quando eu menos percebesse, elas iluminariam minha vida.

Tanto eu poderia dizer desses dias. Da varanda em que sentávamos falando de Monteiro Lobato, de Cecília Meireles, de Machado de Assis, de Clarice Lispector. Como Ermelinda gostava de Clarice! De Lygia Fagundes Telles, foi em um asilo que pela primeira vez ouvi o seu nome. O nome da escritora que a vida me ofereceu de presente como alimentadora de afetos de uma amizade sem fim.

Mas não é de Ermelinda que preciso dizer. É de Olga. Olga de Sá, minha professora de introdução à filosofia, que nos pediu a leitura de *Ética a Nicômaco*, de Aristóteles.

Era um verão, já disse. No Brasil, as aulas começam no verão. Eu havia tomado o ônibus em um ponto perto da minha casa e partido para Lorena, para o primeiro dia de aula na Faculdade de Filosofia.

As paisagens sempre conversaram comigo. O trajeto não era longo, mas a vida que se abria naquele dia me prometia certezas e surpresas. Eu queria ser padre, por isso a Faculdade de Filosofia. E queria ser escritor. E já era escritor. Aos 12 nasceu meu primeiro livro, lido primeiro para Ermelinda, que, nesse tempo, tinha pouca visão. Eu lia para ela. Li *Entre quatro paredes*, de Sartre, aos 11 anos. E ela ficava satisfeita em ouvir a trama complexa que envolvia Garcin, Inês, Estelle e os conceitos existencialistas que eu nem imaginava o que seriam.

Eu queria ser padre como o padre Benevides, que tinha um lar para crianças abandonadas no bairro do Embaú. Eu queria cuidar de crianças de rua e cuidar de velhinhos sem amor que ficavam desvisitados nas suas solidões.

A caminhada da rodoviária ao seminário era breve também. E no breve, o novo. E no novo, o mistério. O caderno, ainda vazio, aguardava explicações, aguardava possibilidades. Entrei na sala e conheci meus colegas. Primeiro, a fala de um padre. A explicação dos inícios. Não lembro com detalhes.

Lembro-me da primeira aula com Olga de Sá. Ela era doutora em semiótica e em filosofia. Era psicóloga. Era freira. Era sábia! Na primeira aula, ela nos falou de paixão. Começou com Platão e seus mitos e chegou a um intricado texto de Hannah Arendt e sua explicação sobre liberdade pública e felicidade pública.

O dia ainda guardava o Sol e eu estava quente. Já havia tido outros professores incríveis na escola pública em que estudei, em Cachoeira Paulista e no Colégio São Joaquim, também dos padres salesianos. Mas Olga era um voo novo em meus sentimentos. No verão dos meus sentimentos.

Depois da viagem pela história da filosofia como introdução ao nosso primeiro encontro de amor, ela nos dividiu em três grupos e cada grupo leria um livro de um tempo da filosofia.

O primeiro grupo, do qual eu fazia parte, deveria ler *Ética a Nicômaco*, de Aristóteles. O segundo grupo, a *Utopia*, de Thomas More. E o terceiro grupo, uma tese sobre os existencialistas cristãos, entre eles Kierkegaard e Gabriel Marcel.

A aula dela, a primeira, começava às 17 horas e terminava pouco antes das 19 horas.

Da janela pude ver o Sol se despedindo e as luzes dentro de nós se acendendo.

Depois do intervalo, tivemos outras aulas, que devem ter sido boas. Faz tempo demais para lembranças mais detalhadas. Do que me lembro é de Olga e do seu jeito de professar o amor ao conhecimento. E leve. Tudo cuidadoso como uma sinfonia. Ela percebia os detalhes e nós sentíamos a música. Busquei em mim coragem para não deixar de dizer a ela o que ela havia provocado em mim. Enquanto os alunos saíam, eu pedi licença e disse que estava em "êxtase" com a aula. Ela repetiu a palavra "êxtase" como quem gosta de valorizar e dar significado ao que ouve.

Muitos anos depois, nós dois professores da PUC e amigos muito próximos, conversamos sobre esse dia. Olga ria quando eu repetia detalhes de uma primeira aula da qual ela não se lembrava.

Ainda no intervalo fui à biblioteca em busca do livro. Peguei o *Ética a Nicômaco* com respeito. Ela havia dito que era um livro que Aristóteles escreveu ao filho explicando-lhe o que deveria ele fazer para encontrar a felicidade.

No ônibus, na volta para casa, iniciei a leitura. Os capítulos são chamados de livros, e são dez. Li várias vezes o primeiro livro. Não que não entendesse. Eu queria memorizar os dizeres. Aristóteles inicia dizendo que "toda arte e toda indagação, assim com toda ação e todo propósito, visam a algum bem".

"Então o mal não existe?", eu me perguntava.

Um pouco adiante, ele fala em tetragonalidade. Os quatro lados. Tudo é bem. De onde vem o mal?

Li, antes da aula seguinte, os dez livros ou os dez capítulos do livro. Li e queria conversar. Mas os livros deveriam ser apresentados dois meses depois. Eu não queria parecer impaciente, mas queria conversar e conversar com ela.

Às 17 horas do dia da segunda aula, ainda antes do pôr do sol, Olga nos havia preparado uma aula sobre o desejo, continuando com Platão. E eu havia compreendido da leitura de *Ética a Nicômaco* que, diferentemente de Platão, Aristóteles não via problemas no desejo ou no prazer. Eu queria dizer. Mas era o início do início do curso. E uma timidez me prendia no silêncio.

A aula acabou e fui falar com ela. Sem pressa, ela me convidou para um café. Eu disse que havia lido tudo. E que algumas partes mais de uma vez. E que havia tirado muitas conclusões. Ela gostou do entusiasmo, mas explicou a necessidade de um pensar mais cuidadoso.

Eu parecia um adolescente robusto sem dúvidas. E ela me apresentou a beleza de com as dúvidas conviver. Eu disse sobre o "mal". O "mal", então, não existe. O "mal" é ausência, é isso? Ela disse que me emprestaria um livro sobre as confissões de Santo Agostinho. Foram anos e anos da sua vida em que Agostinho se perguntou sobre a ontologia do mal, foi o que ela me ofereceu.

O intervalo daquele dia foi com Olga. Ainda na faculdade, ela me convidou para ser professor do Colégio Santa Teresa, que ela dirigia e que ficava na mesma Lorena. Eu fui. E inventava reuniões para falar filosofias com ela.

A apresentação do meu grupo finalmente chegou. Eu voltei a ler essa obra muitas vezes na minha vida. Mas aquele era um momento do despertar. Do saber para onde eu iria. Ou do não saber nunca.

Desisti de ser padre no segundo ano do curso e me candidatei a vereador de Cachoeira Paulista. Fui presidente da Câmara. Vivi a política no interior. Sofri os sonhos não realizados. E sempre conversando com Olga.

E foi Olga quem mais me incentivou a deixar o interior e viver as universidades em São Paulo. No meu interior moram muitas Olgas, pessoas que encontrei na vida e que compreenderam o que ensinava uma filósofa mística que Olga tanto admirava, Simone Weil: "A atenção é a forma mais rara e pura de generosidade." A atenção de Olga me fez e me faz um admirador atento do pensamento. Nada de conclusões apressadas. Nada de verdades absolutizadas pela arrogância ou pela pressa. Nada de questões fechadas.

Fui um aluno inquieto. Se nos inícios me acanhava em dizer, os dias foram me conferindo a segurança de poder perguntar. O dual do humano sempre foi uma questão em tantas questões da minha vida. A felicidade aristotélica, ou a *eudaimonia*, vem de uma paz interior, de uma *ataraxia*, que não é tão simples de se conquistar pelas distrações tantas que vivemos. O bem, matéria essencial que nos faz, é esquecido. E o esquecimento de quem somos, segundo Platão, nos escraviza ao que não somos.

Conheci muita gente perversa na vida. A mesquinhez humana não tem limites. Mas prefiro pensar como Aristóteles. São ausências. Ausência de conhecimento. Ausência de vida interior. São avaros de emoções que elevam. Daí o "êxtase" tão belo ensinado por Nietzsche, que também carrega Aristóteles, ou por Heidegger, que o ensina como quem ensina um descobridor da alma humana. Um dos últimos livros da *Ética a Nicômaco*, mais precisamente o livro VIII, é um belo exame sobre a amizade. A amizade como excelência moral. Os interesseiros, os aduladores desconhecem o prazer da amizade.

Dedico essas linhas a Olga de Sá, que vive a eternidade que sempre acreditou, que vive em mim por eu pensar nela e por ser grato ao existir bonito que ela encontrou dentro de mim.

1984,
DE GEORGE ORWELL,
POR GUSTAVO FRANCO

1984 — A minha experiência

Não há exagero nessa recordação: para jovens universitários tumultuados por hormônios libertários, na segunda metade dos anos 1970, na PUC do Rio de Janeiro, essa cidade aberta e ensolarada, cheia de problemas e de vida, "purgatório da beleza e do caos", pouca coisa poderia ser mais impactante que a leitura de *1984*.

Não diria o mesmo para *A revolução dos bichos*/*A fazenda dos animais*, que era como a versão para o "ensino médio", e abreviada, de alguns dos mesmos temas.

A comparação, meio presunçosa e da época, era a seguinte: o efeito de *1984* sobre nós era como o de *Arquipélago Gulag*, de Alexander Soljenítsin, sobre a Rive Gauche. Era como ter a experiência do intelectual revisionista da Sorbonne em plena Gávea, aos pés da Rocinha, a cinco minutos da praia do Leblon.

Mas, de verdade mesmo, ninguém lia o *Gulag*; dava preguiça. E se você perguntasse sobre Soljenítsin, seu interlocutor responderia:

— Estou acabando *Crime e castigo*.

Era meio óbvia a conexão entre *Gulag* e *1984*: era como se Winston Smith tivesse sobrevivido e publicado seu diário.

Mas não era preciso ler o *Gulag*. Fundamental era saber que estava lá. Funcionava como a prova do crime, a documentação que atestava que o mundo descrito por Orwell efetivamente existia, de modo que encerrava qualquer discussão sobre se *1984* era apenas uma fantasia improvável.

O gulag era uma revelação que mudava tudo, uma espécie de Holocausto, que dava uma perspectiva ainda mais assustadora a *1984*, porém a parte boa é que a União Soviética, a Oceania (ou Eurásia) da vida real, podia desmoronar — na verdade, estávamos, naquele momento, a uns cinco ou dez anos da Queda do Muro, mas ainda sem o perceber —, o que parecia impossível para os três superestados de *1984*.

Soljenítsin já estava no Ocidente nesses anos, exilado, ativo e insolente. Tinha recebido o Nobel em 1970 e dava repetidas entrevistas dizendo que a União Soviética era um "cachorro morto", mas sem deixar de esculachar a "covardia moral" do Ocidente, sobretudo o negacionismo das esquerdas, em ignorar, ou mesmo relevar, as barbaridades praticadas pelo regime soviético. Sim, essa coisa de negacionismo é antiga.

* * *

Na mesma época, em 1978, para ser preciso, foi lançado em português o livro novo de André Glucksmann, membro destacado de um grupo de filósofos franceses conhecidos como "os novos filósofos" (que também incluía Bernard-Henri Lévy, dito BHL, o mais famoso deles, ainda vivo e atuante[*]), a última moda na alta-costura das ideias.

O livro se chamava *A cozinheira e o canibal*, e tinha o apetitoso subtítulo "ensaio sobre as relações entre o Estado, o marxismo e os campos

---

[*] Lévy esteve no Brasil em 2018, deu muitas entrevistas e comentou sobre o recém-eleito Jair Bolsonaro: "O Brasil é apenas uma frente de uma guerra global [...] Há uma luta ideológica entre a xenofobia e o humanismo, entre os extremos, da esquerda à direita, que se alinharam nas ruas para destruir os valores republicanos e as forças do progresso... [e] seu líder populista é o mais caricatural de todos." ("Bernard-Henri Lévy: 'Bolsonaro derrotou mais a direita do que a esquerda': Filósofo lamenta a 'pornografia política' do presidente eleito brasileiro, a quem compara com Nicolás Maduro", *El País*, 26/11/2018.)

de concentração"*. Era superinstigante e bem escrito, e substituía o Gulag com vantagem: em 194 páginas tinha todas as melhores passagens e ótimas tiradas.

Glucksmann veio ao Brasil para o lançamento do livro, e foi à PUC para uma palestra. É claro que estávamos na Rive Gauche.

Ele obviamente não falava português, tampouco se dispôs a falar inglês; nenhum intelectual francês seria capaz de fazer uma conferência em inglês num terceiro país, é claro. Isso mudou, depois. Mas, naquele momento, ainda mais para falar mal da União Soviética e da esquerda francesa, ele palestraria firmemente em francês, talvez mesmo cantar o hino. A PUC teve que se virar para providenciar um tradutor, ou o consulado, sei lá, do contrário seria como um encontro das turmas avançadas da Aliança Francesa, a meia dúzia dos francófilos de sempre.

A conferência tinha uma tradutora, uma senhora simpática, com jeito de professora particular de francês, e a dinâmica era horrível: o palestrante falava uma frase, ou duas, a tradutora gaguejava, fazia "ahann", bufava daquele jeito absolutamente francês, e traduzia, inclusive com bufadas em português. A plateia reagia mal, resmungava, cochichando que não era bem isso, ou mesmo soprando outra maneira de traduzir. Todos ali falavam francês, pelo jeito, e estavam prontos para implicar com a pobre da tradutora, e suas bufadas, que personificaria a autoridade e levaria as culpas que cabiam ao regime soviético ou ao arrivismo da esquerda francesa, pobre dela. Assim são as pequenas narrativas, metáforas fundamentais, a verdadeira força a mover a História.

Mas, em algum momento, começou o movimento "deixa a moça em paz", e a conferência seguiu, meio truncada, pois essa dinâmica de tradução era terrível, de modo que a memória da visita de Glucksmann acabou ligada aos tropeços do evento, ao gestual e aos detalhes pessoais do personagem. Me ocorreu uma fala habitual de quem vai a museus: vamos a esses lugares para ver os outros, e a nós mesmos, tanto quanto o que está nas paredes.

---

* Editado pela Paz e Terra, tradução de Angelina Peralva.

***

No terreno das grandes narrativas, a mensagem era muito clara — e nova — para a PUC-Rio 40 graus: os extremos do totalitarismo se tocavam, Stalin e Hitler, nazismo e comunismo soviético, os três superestados de *1984* eram idênticos na sua vilania, uma mensagem primordial — e tão atual —, mas que parecia uma absoluta heresia naquele momento. Na verdade, havia nesse recado uma outra mensagem básica sobre a política, muito orwelliana, uma espécie da inevitabilidade da decepção com a política — uma forma mais operacional de falar de ausência de esperança; é o que, de fato, encerra a sua juventude, você está pronto para a vida quando se dá conta de que o paradigma das revoluções era um açougue e uma vigarice.

***

Outra descoberta orwelliana importante, a pusilanimidade, flagrante no pessoal do "movimento estudantil". Tinha ouvido esta frase maravilhosa: O pior da ditadura é o guarda da esquina. Quem falou essa coisa tão lindamente bem achada?

Não, não foi Michel Foucault, mas Pedro Aleixo, político mineiro, vice-presidente civil do Governo Costa e Silva, e a frase acompanhou o seu solitário voto contrário, na reunião ministerial de 13 de dezembro de 1968, quando o Governo Costa e Silva decretou o Ato Institucional n.º 5. Segundo a lenda, Aleixo teria alegado, premonitoriamente: "O problema de uma lei assim não é o senhor, nem os que com o senhor governam o país. O problema é o guarda da esquina."*

Para as pessoas comuns, nós, estudantes cheios de hormônios, prestes a seguir as mais variadas carreiras, essa parte do "guarda da esquina" era a que mais importava. Esses personagens menores estavam por toda parte, não sei o que se passa na União Soviética ou em Cuba, sei

---

* O relato em "O guarda da esquina", de Merval Pereira, publicado no site da ABL (https://www.academia.org.br/artigos/o-guarda-da-esquina).

que quero ficar bem longe desses cretinos do DCE. Era como Winston Smith enxergava seus vizinhos, membros do partido prontos a mandar os outros para campos de concentração em nome do Grande Irmão.

*　*　*

A atualidade de *1984* em 2020 é um fenômeno; o livro está há várias semanas na lista de mais vendidos em ficção junto com *Textos cruéis demais para serem lidos rapidamente, O homem de giz, A garota do lago, A bruxa não vai para a fogueira nesse livro* e *Essa gente* (de Chico Buarque).

O mesmo se observa nos EUA, e relatos dão conta que isso ocorreu desde a eleição de Donald Trump, precisamente depois da controvérsia sobre o público da posse, "o maior de todos os tempos" segundo ele, o menor segundo as fotos, pior para as fotos; eis a novidade, estava iniciada oficialmente a era dos "fatos alternativos", tudo o mais caindo no terreno das *fake news*.

O fato é que *1984*, como título, e o seu truque numérico das datas (o livro foi escrito ao longo de 1948), é brilhante. Embaralhar os números do momento, uma pequena inversão do presente e, bingo, uma distopia terrível emerge como um futuro plausível.

Bem, eram apenas 36 anos de distância, e o romance estava bem vivo quando o calendário o alcançou, e muitas celebrações exaltaram Orwell e suas mensagens, muitos ensaios foram publicados, e também duas extraordinárias expressões visuais do livro: a do filme de Michael Radford, com John Hurt como Winston e Richard Burton como O'Brien, e a, muito mais vista, do famoso comercial de lançamento do Apple-Macintosh, criado por Ridley Scott, veiculado apenas uma vez no intervalo do Super Bowl de 1984[*]. Ambas forneceram traduções visuais poderosas para o livro; não eram importantes pelo enredo, mas

---

[*] É fácil ver no YouTube. Segundo a descrição de George Packer, "o Mac, representado por um atleta, atira uma marreta contra uma tela gigante e destrói o rosto de um homem gritando — tecnologia opressora — para o assombro de uma multidão de zumbis cinzentos. A mensagem: 'você vai ver por que 1984 não será 1984'". (George Packer, "O *duplipensamento* é mais forte do que Orwell imaginava: o que *1984* significa atualmente". Em George Orwell, *1984*, edição especial, tradução Alexandre Hubner e Heloisa Jahn, São Paulo: Companhia das Letras, 2019.)

pelas imagens visualmente deslumbrantes, no mau sentido, que passaram a se associar ao livro.

Outra data importante, no romance, é 2050, ainda adiante de nós. Conforme se lê no apêndice ao romance — sim, esse romance possui um apêndice técnico-linguístico, uma de suas mais ousadas criações — tratando dos "princípios da Novafala", era quando se esperava que esse novo idioma politicamente limitador — este o seu propósito — substituísse completamente a Velhafala, o inglês-padrão. Segundo o apêndice,

> diversos escritores, como Shakespeare, Milton, Swift, Byron, Dickens e alguns outros, estavam sendo traduzidos; quando a tarefa estivesse encerrada, seus textos originais seriam destruídos com tudo o mais que restava da literatura do passado. Essas traduções eram difíceis e demoradas, e não se imaginava que estivessem concluídas antes da primeira ou segunda década do século XXI.

Quem duvida, veja o idioma "neutro de gênero" que anda circulando como uma curiosidade.

* * *

Uma resenha bem recente diz que "a atualidade da obra de Orwell é justamente o fato de que nunca deixou de ser atual"*, mas, ainda assim, não obstante os temas universais do totalitarismo, há alguma coisa a mais, especialmente harmônica com os nossos dias.

A teletela é a internet. O que as pessoas fazem nas redes sociais quando protegidas pelo anonimato é bem mais que "os dois minutos de ódio". Em *1984* havia também uma "semana do ódio", e uma "canção do ódio"; em Brasília, analogamente, há um "gabinete do ódio", segundo relatos. Winston, o herói, era um profissional de *fake news*, ou marketing digital, como se fala. Os famosos ministérios com títulos

---

* Samir Machado de Machado, "A bota que pisoteia o rosto humano", em *Quatro cinco um*, ano 3, n.º 29, "2019 em 19 distopias", janeiro 2020.

contraditórios (do Amor, da Verdade e outros) podiam ser consolidados, numa reforma administrativa, no Ministério da Narrativa, pois não existe verdade nem ciência, só versões, sendo a mais importante a que tem mais clicadas, como se sabe. Há julgamentos encenados em *1984*, com confissões sinceras, parecendo as declarações de personagens cancelados se desculpando por faltas imaginárias, e o nosso politicamente correto é o que foi denominado de "duplipensamento progressista"[*]. Como não se encantar?

O livro é meio ensaístico, dizem esses insuportáveis críticos literários; seus personagens, dizem, são meio rasos, o que explica a dificuldade em transpor para o cinema. Pouco importa que o enredo pareça conduzir ao texto histórico do arquivilão Emmanuel Goldstein (o avatar de Trotsky), "Teoria e prática do coletivismo oligárquico", que produz "a peça dentro da peça", a análise sobre como aquele mundo chegou até aquele ponto, como se toda a saga de Winston Smith servisse apenas como moldura para esse editorial apocalíptico de Orwell sobre os andamentos políticos no planeta.

Mas é claro que o trotskismo de Goldstein-Orwell não tem a menor importância, qualquer teoria servia, o interessante é que funciona como uma espécie de armadilha para pegar intelectuais, como a que Hamlet montou para seu tio Cláudio, com a encenação de uma peça, cujo título ele alterou para "A ratoeira", e na qual introduziu alguns versos maliciosos, tudo para incriminar o rei culpado a partir de sua reação ao assistir à peça. São muitas as vítimas, geralmente os marxistas que buscam demonstrar que Orwell errou na sua sociologia, apenas para se acharem discutindo com Emmanuel Goldstein, como se fossem membros do partido, guardas da esquina[**]. Brilhante.

---

[*] Packer, "O *duplipensamento* é mais forte…", op. cit. p. 530.
[**] Como é o caso de Raymond Williams, um shakespeariano marxista que está entre os ensaístas selecionados para a "fortuna crítica" da excelente edição em português da Cia das Letras.

PRICE THEORY AND ITS USES, DE DONALD WATSON, POR JOAQUIM FALCÃO

Em 1968, foi a primeira vez que a Escola de Direito da Universidade de Harvard ofereceu a seus alunos um curso eletivo de Direito e Economia. Contabilidade para advogados já era ensinado, com o excelente professor David Herwitz. Mas Economia, nunca.

Em 1968, tudo era mudança no mundo todo. O Harkness Hall, um imenso e moderno refeitório, tinha um enorme painel de Joan Miró. Ficava ao lado dos dormitórios dos alunos, projetados pelo próprio Walter Gropius. Harvard adotara Bauhaus. Simbolizava o cosmopolitismo. Eu morava no Dane Hall, 7. Beno Sucholdoski, meu colega paulista da vida toda, morava no hall em frente.

Em 1968, assassinaram Robert Kennedy e Martin Luther King. Charles de Gaulle pregava no Canadá *"Vive le Québec libre!"*. Tudo era Vietnam.

Em 1968, os alunos cercaram os executivos da Dow Chemical e os expulsaram do campus, onde tinham ido recrutar advogados, como de costume, para a produção de Napalm. A famosa Dow Chemical da qual, mais tarde, Golbery do Couto e Silva viria a ser presidente no Brasil.

Em 1968, era a Guerra Fria.

Em 1968, Joan Baez e Bob Dylan reinavam em Woodstock. Tudo era hippie. Na Paris de Maio de 68, aonde fui com outro imenso amigo, Paulo Sergio Pinheiro, eram só barricadas.

Em 1968, no Brasil, era o Ato Institucional n.º 5. Edu Lobo ganhara no último ano do Festival da Canção da Record com "Ponteio".

No meio de tudo e muito mais, eu gostava de jogar *squash* e fazer natação. E, então, li o livro que mudou minha vida.

* * *

O primeiro curso de Direito e Economia seria dado por um conselheiro econômico do presidente John Kennedy. O professor, alemão naturalizado americano, chamava-se Richard Musgrave. Judeu, convertido depois ao catolicismo. Era casado com a importante professora Peggy Brewer.

Musgrave devia ter sessenta anos e tinha forte sotaque germânico. Era de pouca conversa. O estereótipo de um professor-cientista da Ivy League. Total desprezo pela estética pessoal. Fartos desalinhados cabelos. Sempre de paletó esporte puxado para bege e amarrotado. Gravata mal-amarrada. Sapatos velhos. Quando andava, me lembrava os pesados passos de Groucho Marx. Gentil, mas distante.

Centenas de alunos se candidataram a fazer o curso.

Escolheram apenas vinte. Dezessete de graduação e três estrangeiros do mestrado. Um francês, Jean-Pierre Jacquet, Beno Sucholdoski, meu amigo, e eu.

No Rio, o professor Carlos Leoni Siqueira tinha me obtido uma bolsa para o mestrado em Harvard. Eu estaria ligado ao famoso Ceped, Centro de Estudos e Pesquisas no Ensino de Direito da Fundação Getúlio Vargas, curso pioneiro em Direito de Empresa. O responsável pela área de Direito Societário era Alfredo Lamy Filho. De Direito Administrativo, Caio Tácito. E de Economia, ninguém menos que Mário Henrique Simonsen.

Mas não foi somente por isso que me candidatei ao curso. Desde os 16 anos, eu já trabalhava nas empresas de meu pai. Pernambucano, mas empresário no Rio de Janeiro. Hoje, agora, aos 76, faço a conta, por causa do nosso editor José Roberto, e me espanto com os mais de sessenta anos de trabalhos ininterruptos. Fui um privilegiado da vida.

O fato é que já tinha perfeita noção da importância da economia, sobretudo da microeconomia, para a vida dos negócios e dos advogados societários que eu deveria também ter vivido, e não vivi. Ou vivi muito pouco.

Henry Steiner, fraterno professor de Harvard, que seria meu tutor, também ligado ao Ceped, foi, com certeza, quem me conseguiu essa disputada vaga.

* * *

O livro adotado por Musgrave foi *Price Theory and Its Uses*, de Donald Stevenson Watson, professor da Universidade George Washington. Editado pela Houghton Mifflin Harcourt Company, Boston, 1963.

Comprei na *cooperative* da Harvard, The Coop, no dia 23 de janeiro de 1968.

Antes, Watson já tinha escrito o livro *Economic Policy: Business and Government*.

Este livro mudou minha vida. Não minha vida pessoal ou sentimental, é logico, mas minha vida intelectual, profissional e cívica. Mudou minha maneira de entender o mundo, o Brasil, e expandir, expandir e expandir meu conceito de direito e de democracia.

Da disciplinaridade, que ainda prevalecia nas escolas de direito, levou-me à interdisciplinaridade. Era a moda. Depois fui para a transdisciplinaridade. Agora tento me equilibrar nas ciências das complexidades.

É um livro-texto, isto é, apropriado ao ensino. Teve mais de noventa edições e foi traduzido em três línguas. No final dos capítulos, além das referências bibliográficas de praxe, tinha problemas e exercícios. E se propunha ser de nível intermediário para estudantes de administração de negócios.

Sem perder a qualidade teórica, é um livro estritamente pragmático. Pleno de exemplos reais de fácil compreensão. Por isso, não é um livro de *Price Theory* somente. Antes, é dos usos da teoria dos preços.

Este livro foi-me pura tortura.

Lembro que passava domingos inteiros em meu quarto estudando. Meu inglês não era lá muito bom. Mas o problema é que, quando conseguia traduzir do inglês para o português, não sabia o que significava em português! Não tinha o vocabulário, as palavras, os conceitos básicos de economia. Nunca tivera.

Muitas vezes, o mais simples conceito econômico batia de frente com o significado que eu já tinha incorporado em português jurídico. Por exemplo: *marginal, afluente, inelástico, equilíbrio* ou *ótimo*. Sem falar da lei dos retornos decrescentes!

Mais ainda. Para melhor ilustrar, a piorar a situação, havia inúmeras tabelas, curvas, gráficos, equações matemáticas.

$M = XPx + YPy$
?????????????

O livro era um decifra-me ou te devoro. Devorou-me a maior parte das vezes.

Em compensação, guardei alguns conceitos, algumas estratégias, sobretudo epistemológicas, que vão me ajudar o resto da vida. Por razão simples. Ou não tão simples assim.

* * *

Aprendi a diferença entre problema econômico, política econômica, modelo econômico, análise econômica e teoria econômica. Tudo hoje tão simples, mas, para um advogado, era algo nunca imaginado, acostumado à lógica formal monopolística.

Aprendi que existem dois problemas com os fatos. Nem sempre é fácil dizer e identificar o que é um fato. Na economia, *everywhere*, são bilhões de fatos. A teoria identifica as qualidades essenciais dos fatos e mostra as conexões entre eles. Teoria seleciona fatos, alinha-os e lhes dá significados.

Assim, a teoria funciona como uma espécie de ideal que corrige os erros de sua aplicação. Ou seja, a teoria é um objetivo e também um crítico ativo do real. Só existe, então, boa teoria ou teoria irrelevante. Aquela que cumpre ou que não cumpre o que promete.

Watson foi meu primeiro abandono do formal para o real pragmático.

Aprendi também que inexiste teoria sem uma avaliação permanente das consequências das relações econômicas, seja entre Estado e empresas, consumidores e produtores, oferta e demanda. É essa análise que faz a teoria, qualquer teoria, estar sempre voltada para resolver o problema. E seu uso pode ser positivo ou normativo.

Aprendi também que, ao contrário do que era moda então, as teorias econômicas se construíam a partir da análise da oferta de bens e serviços, Watson inverte.

Sua teoria de preço começa pela análise da demanda. Ao fazê-lo, talvez *avant la lettre*, coloca no centro de sua produção intelectual os indivíduos, e não as empresas. O desejo, as necessidades de consumo, e não as necessidades na produção.

A propósito, há mais de cinquenta anos, Watson já apontava a eventual influência negativa do marketing empresarial na lógica da produção.

Mesmo que sua teoria do preço se construa com base na teoria econômica neoclássica, que acredita na escolha racional da demanda, Watson já demonstrava a importância da psicologia, do behaviorismo e dos limites da formalização da matematização.

Aprendi ontem muito do que está acontecendo hoje. A teoria econômica usufruindo das dúvidas, como ciência do comportamento, em vez de suas certezas quantitativamente formalizadas.

* * *

No meio de uma aula, Musgrave para. Vai ao quadro-negro, escreve uma indecifrável equação e começa a discuti-la. Eu pasmo, sem nada entender. Ele disse:

— Ontem à noite na cama, antes de dormir, estava conversando com Peggy (sua mulher), e chegamos à conclusão de que essa equação está errada.

Sua satisfação era quase euforia!

Foi o suficiente para Beno, meu colega, se virar e comentar-me: "Joaquim, estamos perdidos. Ele discute economia até antes de dormir. A mulher dele deve ser economista também."

Peggy era, e excelente.

Na prova, no "*blue book*", como se chamava, recebi nota muito baixa. E, como de costume, os professores recebiam os alunos que queriam discutir a prova. Onde errei?

Marquei hora e fui.

Conversamos. Até que ele, com certeza exausto diante de minha ignorância repetida, por mais que me explicasse, fez o que qualquer professor que é cientista sempre faz.

— OK, Mr. Falcão.

Deu-me uma nota mínima. Passei, e até hoje lhe sou grato.

O APANHADOR NO CAMPO DE CENTEIO, DE J. D. SALINGER, POR JORGE OAKIM

> *Bom mesmo é o livro que quando a gente acaba de ler fica querendo ser um grande amigo do autor, para se poder telefonar para ele toda vez que der vontade. Mas isso é raro de acontecer.*
>
> J. D. Salinger

Estava no último ano do Colégio Santo Inácio, no Rio de Janeiro. Generalista e indeciso, restava a preparação para a Engenharia. A adolescência havia sido uma época difícil. A sensação era de que a cabeça fora d'água poderia ser uma nova realidade.

Era agosto de 1987, e dois grandes amigos chegaram à minha casa, cada um com um presente. O primeiro era *O estrangeiro*, de Albert Camus. O segundo, *O apanhador no campo de centeio*, de Jerome David Salinger. Ou, se preferir, J. D.

Tinha ouvido falar apenas uma vez do último, através de um colega de sala, genial em matemática e nos esportes, que me contou que era o único livro que tinha lido mais de dez vezes.

No fim de semana seguinte, viajei com amigos para o interior de Minas Gerais e levei na bagagem aquele exemplar de capa sem graça, apenas com o título e o nome do autor. O que começou com reclamações dos amigos sobre atrasos constantes por causa do livro acabaria por ter um impacto não só no modo como um garoto via o mundo, mas também nos caminhos em que resolvi acreditar e tentar trilhar. E por toda a minha vida.

"As pessoas estão sempre atrapalhando a vida da gente."

Caminhando para uma nova reprovação em um colégio interno na Pensilvânia, um garoto de 16 anos resolve abandonar a escola poucos dias antes do recesso de Natal. O destino é Manhattan, onde a família mora, mas ele pretende ficar em algum hotel por dois dias até voltar para casa e enfrentar os pais, trazendo a péssima notícia. Internado numa clínica, ele reflete sobre esses dias difíceis. Essa narrativa, que parece muito simples, conduz todo o livro. Uma obra-prima, com absolutamente nada fora do lugar. O sonho de um editor.

Vagando pelas ruas de Nova York, Holden Caulfield é o personagem clássico de uma história de crescimento, um *Bildungsroman*, ou, como preferem os americanos, uma *coming-of-age story*.

O curioso é que esse amadurecimento não se dá exatamente do modo que esperamos; os acontecimentos e as reflexões sobre eles colocam o protagonista num penhasco, onde ele deseja ficar para impedir que as crianças, que brincam nos campos de centeio, caiam na crueldade do mundo dos adultos.

"É engraçado, basta a gente dizer alguma coisa que ninguém entende para que façam praticamente tudo que a gente quer."

Já perdi a conta de quantas vezes li o *Apanhador* e os outros livros de Salinger.

Mas me lembro da primeira vez. Como se as experiências e conclusões de Holden fossem uma verbalização das minhas próprias dúvidas e conclusões talvez equivocadas. A sensação de estar dentro da cabeça do personagem teve um efeito tão forte que volta toda vez que releio o livro.

Acredito que muito da força e da atração que a obra exerce até hoje venha da profunda e perfeita sensibilidade do entendimento do autor da mente e das incertezas de um jovem. O que sem dúvida explica o culto a Salinger. Com isso o livro se tornou alvo favorito dos guardiões da censura e dos bons modos, de uma sociedade obtusa que o considera uma obra para loucos e assassinos e um instrumento da conspiração comunista. E também de uma literatura que aponta que Holden personifica a apatia, a falta de determinação e de vontade de vencer. Como diz Adam Gopnik num genial ensaio publicado pela *New Yorker*, "alguns artistas, e suas obras, se tornam tão populares que qualquer um que procure encontra ali o que quiser".

Na primeira vez que li, encontrei no livro algo que mostrava que existia certa semelhança entre os meus pensamentos e os de um personagem de um livro publicado quase quatro décadas antes. Eu estava em um mundo nublado, e era como se alguém tivesse espantado as nuvens e mostrado como era de fato o mundo em que eu vivia.

A relação com os pais e os irmãos, porradas com os amigos e as paixões poderiam se passar em outro tempo e lugar, mas eram contados de maneira tão perfeita e honesta que consegui me divertir e, acima de tudo, me identificar. Era como se alguém tivesse falado para mim sobre o que era a vida e me mostrado que existia gente que pensava de modo parecido com o meu.

As passagens antológicas que ficaram na minha memória viraram um pequeno dicionário de sentimentos. Como a das freiras na estação de trem, com sua simplicidade, que muitas vezes me vem à mente quando vejo pessoas felizes fazendo uma simples refeição. A relação com a irmã Phoebe, com D. B., o irmão vendido para Hollywood, a visita ao velho professor Spencer e outras partes também iluminaram a minha limitada compreensão das coisas à época.

Cada encontro e diálogo, cada crise e reflexão tiveram o poder de me fazer mais reflexivo e compreensivo com os outros. E essa talvez seja a grande força do *Apanhador* entre a juventude ocidental. Um livro que me deixou consciente sobre o que é a empatia.

Ano passado tive o prazer de ouvir meu filho adolescente comentando sobre o livro com a irmã. "Um livro onde nada acontece, e muita coisa acontece. Gostei muito." Nisso reside a perfeição dessa narrativa, que talvez tenha uma enorme responsabilidade no amor que sinto pelos livros e boas histórias e na profissão que escolhi. Seria muito ambicioso me tornar um escritor depois de ler Salinger.

E cada vez que fico mais adulto, mais sinto falta de um apanhador no campo de centeio.

"A gente nunca devia contar nada a ninguém. Mal acaba de contar, a gente começa a sentir saudade de todo mundo."
J. O.

Nota do editor: As aspas são da brilhante tradução de Álvaro Alencar, Antônio Rocha e Jório Dauster.

A TRANSFORMAÇÃO, DE FRANZ KAFKA, POR JOSÉ LUIZ ALQUÉRES

(Este texto contém *spoiler*.)

Quando meu amigo José Roberto perguntou se eu toparia escrever sobre um livro cuja leitura tivesse provocado em mim um "clique" — uma abertura ou um iluminamento para uma nova compreensão do meu papel no mundo —, respondi de bate-pronto: "Sim, e gostaria de escrever sobre *A transformação*, comercialmente conhecido como *A metamorfose*, de Kafka."

Bons amigos e conhecendo os gostos mútuos, ele pareceu surpreso. Pensou que eu responderia outro título. Há certas horas, porém, que a diferença de idade, como é nosso caso, faz diferença no "livro de impacto". Sobre isso, lembro minha total incompreensão ao ler *Os sofrimentos do jovem Werther*, de Goethe. Mesmo com toda minha imaginação, eu não consegui entender por que sua publicação, em 1774, teria provocado uma onda de suicídios entre jovens na Europa. Anos depois, li *Carlota em Weimar*, de Thomas Mann, escrito em 1939, que tem como protagonista a mesma personagem criada por Goethe. Um belíssimo livro, mas também não me trouxe maiores motivos para compreender a mencionada onda de suicídios. Registro essas leituras como atenuante da narrativa que se segue, como um atestado de que não sou tão adepto do romantismo alemão quanto possa parecer.

Movendo meu pensamento para mais de cinquenta anos passados, o "clique" ao ler Kafka me veio de uma frase que minha avó costumava dizer: "Quem morre é quem perde sua vida", que ela aplicava, em geral, para comentar a alegria prematura demonstrada por certas viúvas.

Na obra *A transformação*, publicada originalmente em 1915, um simples e dedicado caixeiro-viajante, Gregor Samsa, se vê transformado da noite para o dia em um gigantesco inseto, semelhante a um grande besouro. Até esse fatídico momento, fosse por amor ou por necessidade de ser amado, ele havia vivido de maneira obsessiva para o trabalho e longe de divertimentos. Sustentava seus pais e irmã, além da casa e uma empregada.

A partir do momento em que se dá a sinistra transformação, ele é isolado em seu quarto, alimentado por uma fresta da porta entreaberta e passa a testemunhar mudanças na vida dos seus queridos pais e irmã. Não mais podendo contar com seu provedor, os membros da família Samsa se mobilizam para garantir o sustento. Mesmo em sua condição monstruosa, Gregor mantém intactas as faculdades mentais e narra ao leitor aquilo que se desenrola: o pai, semientrevado, se apruma porque tem de arrumar um emprego. A mãe, que nada fazia, passa a produzir e vender bordados. A irmã, pura, santa e bela, que tocava violino e sonhava com o conservatório, vira balconista. Enquanto Gregor sofre e definha, sua família, antes apática e sem perspectiva, renasce. Ela, sim, pode-se dizer, sofre uma verdadeira metáfora da metamorfose — em linguagem técnica, o processo biológico de passar de uma fase embrionária para uma mais evoluída.

Eu li o livro há mais de cinquenta anos e, como já dito, fiquei profundamente impactado. Desde então, ao longo de minha vida, muitas vezes me vi citando-o e lembrando de algumas de suas passagens. Agora, com a tarefa de escrever o presente texto, tive vontade de fazer uma nova leitura. Foi por onde comecei. Confesso que me pareceu um outro livro. Com mensagens mais sutis e irônicas, mas sem me despertar emoções. Certamente por ter cumprido o papel devido, no momento certo.

Por todos esses anos a lembrança desse livro foi importante para mim. Pareceu-me estranho a nova leitura não ter despertado sentimento mais forte. Ao refletir sobre o assunto, percebi que, muitas vezes, quando eu o citava, inconscientemente enriqueci falas, situações e sentimentos dos personagens, especialmente os que me remetiam às situações e pensamentos de outrora. Quando terminei minha nova leitura, pensei: "falta isso, falta aquilo, falta aquele pedaço tão marcante..."

Constatei, em minha própria pele, aquela história que algumas vezes ouvi entre apaixonados por literatura: a afinidade entre o leitor e o livro faz com que experiências e sentimentos do primeiro provoquem adaptações discretas na memória que fica do segundo. Os contornos do texto do autor original se embaralham com as lembranças e sentimentos do leitor — e daí se tem uma nova obra originalíssima e pessoal, impressa na lembrança deste. O detalhe fundamental é que uma nova leitura pode "criar" uma nova obra. Nunca se lê duas vezes o mesmo livro, poderia dizer Heráclito, se livros houvesse na Grécia Clássica.

Embora publicado no original em 1915, o livro só foi traduzido para o português em 1975. Quando o li, em meados dos anos 1960, em francês, lentamente, recorrendo ao dicionário, bebendo as frases e enriquecendo pela imaginação os seus conteúdos, senti profunda identificação com a mensagem do livro. Era a resposta para as aflições que então me acometiam.

Ainda que eu não tivesse os problemas financeiros de Gregor, eu era engenheiro civil formado não havia muito tempo e trabalhava dedicadamente em dois empregos. Além disso, eu dava aulas na faculdade e ainda tinha iniciado uma segunda formação no curso de sociologia à noite. Sentia-me um devedor permanente de todas essas demandas, sendo, eu mesmo, o maior dos cobradores. Os horários se acavalavam. A cabeça saltava das providências a tomar para que o traço de concreto na obra fosse o certo, o trabalho sobre o texto básico de sociologia de Durkheim fosse satisfatório e que minhas aulas fossem bem preparadas.

Além do mais, eu queria ser feliz, o que não estava ocorrendo. Durante minha primeira formação universitária, na PUC (escola paga), eu tinha sido um estudante de direita. Desta vez, na Federal (escola gratuita), simpatizava com as demandas da esquerda. Frequentei passeatas e integrei grupos de estudo para ler o *Que faire?*, de Lênin, e coisas afins.

O ambiente político era hostil a tais ideias, bem como o doméstico e o profissional. Em outros círculos que eu frequentava, porém, era o que me fazia vibrar. Vida dividida...

Estávamos em 1967. A repressão era muito grande. Paredes tinham olhos e ouvidos. Eu saía muito à noite para conhecer gente, moças, frequentar a boemia da Zona Sul e o pessoal das artes, mais politicamente engajado. As conversas varavam a madrugada. No dia seguinte, porém, para mim havia trabalho, dar aulas, receber aulas, engarrafamentos entre uma obra e outra (eu acompanhava várias!).

Enquanto isso, a repressão crescia e preocupava bastante minha família, especialmente meu pai. Em minha cabeça havia se instalado um clima parecido com aquele vivido por Gregor: trabalho incessante, noites maldormidas, relacionamentos passageiros, abundância de questões existenciais e mais umas exageradas preocupações com a minha família, como era de se esperar do adulto que eu me julgava ser. Preocupavam-me a perda de renda familiar com a perspectiva próxima da aposentadoria de meu pai, a própria idade dos meus pai, mãe e tias, cansados por vidas de muito trabalho. O pior de tudo, porém, era a interdependência amorosa entre nós. Angustiava-me o pensamento de eu não estar cumprindo as expectativas que tinham nutrido a meu respeito — que certamente não eram me ver sendo meio estudante e militante político das madrugadas. Um engenheiro não empolgado com a profissão e alguém sem "namorada séria para casar". Eu cresci com a consciência de ter sido muito amado por eles, e a obrigação de retribuir, não apenas no amor, mas também nos comportamentos por eles esperados, estava me pesando como um fardo. Esse dever era algo que competia com o mundo novo que eu queria desbravar.

Viver assim levava a muitas discussões domésticas. Era uma espécie de prisão sem grades, as amarras afetivas que não me deixavam libertar e mergulhar *en la vida loca*: partir para um voo solo, morar sozinho, quem sabe em outro país, e viajar pelo mundo. Pouco depois de formado, eu tinha feito uma grande viagem ao exterior como bolsista e havia adorado a experiência. Pensava em repetir a dose.

Assim como Gregor, eu também tinha uma irmã bem mais moça, muito querida, da qual eu era confidente e protetor. Eu me via como um exemplo para ela — e, assim, eu me impunha a obrigação de nunca a desapontar e "guardar as aparências". Conflitos e dilemas que, muitas vezes, estavam apenas em minha cabeça, mas produziam reações confusas de minha parte.

Naquele contexto, me veio às mãos o livro de Kafka. A história da família Samsa, com Gregor absolutamente indispensável ao pai velho, à mãe dedicada e à tão amiga irmã mais moça. Todos dependentes dele. Gregor, integralmente dedicado a eles, sonhava em ser promovido na carreira de que não gostava, para ganhar mais e poder realizar o sonho de sua irmã se tornar aluna do conservatório. Sem Gregor, o mundo familiar ruiria!

Eis que, da noite para o dia, Gregor sofre a transformação (*die Verwanderlang*) em um grotesco inseto. Manteve, todavia, sua capacidade de pensar e conseguiu estabelecer um relacionamento a distância com os membros da família, passando a viver praticamente fechado em seu quarto. A partir de então, pouco a pouco, ele, antes imprescindível, foi se tornando primeiramente esquecido, depois dispensável e, por fim, indesejável. Pela fresta da porta ele assistiu à metamorfose da família. O pai, a mãe e a irmã encontraram mais motivações para viver. E cresceram como pessoas. Gregor observou tudo isso conscientemente e com sofrimento. Sentiu a tristeza profunda de sua vida perdida, até que, abandonado pelos seus, morreu e foi jogado no lixo pela empregada.

O dia seguinte de sua morte pode ser considerado o dia da ressurreição da família. Todos se deram licença de seus respectivos afazeres e foram passear no parque, como não faziam havia muito tempo. Estavam felizes. Estavam libertos e prontos para amar a vida plenamente. Aí se confirmava a verdadeira metamorfose: a das borboletas que de larvas evoluem e saem deslumbrantes de seus casulos. Não a de Gregor para inseto, que deveria ser traduzida mais corretamente por "transformação", e não "metamorfose". Aliás, pesquisando para este artigo, me foi enviada a crítica de Jorge Luis Borges com esta mesma opinião. Segundo consta, o livro foi traduzido do alemão para o espanhol antes de outras línguas. Neste momento, foi colocado o título *La metamorfosis*. O editor, diante do sucesso comercial, não quis seguir a recomendação de Borges, e o título da má tradução original se consolidou na tradução francesa e na inglesa. O idioma alemão, aliás, é para poucos. Eu observo que mesmo os tradutores que passaram o título para *A metamorfose* logo na terceira linha do livro traduzem a mudança de status de homem para inseto como "transformação".

Qual foi, então, o "clique"? Eu, sem precisar me transformar em um inseto, caí na real que de forma alguma eu era indispensável. Já dizia outro ditado: "De indispensáveis o cemitério está cheio." Fui, com jeito e sem agredir os que tanto amava, tratar da minha vida, que nada *loca* acabou sendo. Todos ficaram bem. Ao longo do tempo, quando tivemos de conviver com piores perdas reais, assim o fizemos.

Volto, então, à frase da minha avó: "Quem morre é quem perde sua vida." Em outras palavras, você tem de dar significado para a sua vida. Você é dono dela e ela é única e preciosa. Você não nasceu para agradar ninguém. Sendo feliz, você fará os outros felizes.

Muito alegre por ter revisitado o livro que me deu o "clique", fui ler os críticos brasileiros e professores de literatura. Em sua grande maioria, antigos acadêmicos da USP a darem aulas pelas faculdades do interior do grande estado. Para boa parte deles, o livro é um tratado sobre a torpe exploração capitalista que sofre Gregor, caixeiro-viajante mal pago, submetido a constantes viagens para vender tecidos e enriquecer o patrão. O autor o transformou em inseto apenas para ele constatar, no intervalo de uma noite de sono, que ao deixar de ser provedor deixou também de ser útil. Foi despedido, isolado, desqualificado e, no fim, esquecido. *No money, no love*, como na velha piada.

Encontrei também uma resenha feita por uma psicóloga que categoricamente interpretava o dilema de Gregor: um homem se vê aprisionado em um corpo que não é dele. Uma metáfora dos transexuais, obrigados a se esconderem pela não aceitação de sua condição ou de sua natureza pela própria família ou pela sociedade.

Enfim, três visões críticas. Três livros diferentes, conforme o leitor. Para todos eles, um livro libertador.

TABACARIA,
DE FERNANDO PESSOA,
POR JOSÉ PAULO CAVALCANTI FILHO

O livro da tabacaria

O que de sonho jaz nas encadernações vetustas...
Tinta remota e desbotada aqui presente para além da morte.
Sem título, 17/1/1932, Álvaro de Campos

Corria o ano da graça de 1966. Na Inglaterra, os Beatles lançavam seu novo disco, *Revolver.* Nos Estados Unidos, morria Walt Disney. Na Suécia, a Academia decidiu não distribuir o Nobel da Paz. Em Portugal, já ninguém mais acreditava, terminou a construção da Igreja de Santa Engrácia, começada no distante 1568 — dez anos antes de desaparecer Dom Sebastião, em Alcácer-Quibir. Enquanto, no Brasil, era decretado o AI-3. Luís Carlos Prestes foi condenado a 14 anos de prisão. Ademar de Barros, cassado por corrupção — hoje, seria absolvido pelo Supremo. O general Costa e Silva, candidato pela Arena (só mesmo rindo), acabou *eleito* presidente da República por um Congresso acovardado. E eu, que desejava só imitar o pai na carreira de advogado, ouvi a voz de Deus. Era João Villaret recitando "Tabacaria", de Fernando Pessoa (Álvaro de Campos). Assim começava uma paixão que, até hoje, me encanta e oprime. Talvez porque todo começo de paixão seja assim mesmo, depois arrefece. Ou, como o rio de sua aldeia, o poeta ainda era de poucos. "E por isso, porque pertence a menos gente,/ É mais livre e maior o rio de minha aldeia", como está no *Guardador de rebanhos* (de Caeiro). Não sabia quem era Villaret. Nunca tinha ouvido falar de Pessoa. E "Tabacaria" não era nada, então. Virou obsessão, depois. Procurei algum livro em que estivesse o poema. Encontrei *Fernando Pessoa, Obra poética*, naquela edição da José Aguilar, em papel tão fininho que quase se desmanchava no folhear. Esse livro mudou minha vida. E lá estava "Tabacaria", na página 362. Só que era pouco, logo entendi. Que havia mistérios, em volta dele, a serem desvendados. Precisava ir mais longe. E, assim, comecei a jornada.

O caminho

O meu caminho é pelo infinito fora até chegar ao fim.
"Saudação a Walt Whitman", Álvaro de Campos.

Em 3 de fevereiro de 1927, um Campos (o próprio Pessoa) já maduro revela primeiras inspirações de seu mais conhecido poema:

Nas praças vindouras — talvez as mesmas que as nossas —
Que elixires serão apregoados?
...
Na minha própria metafísica, que tenho porque penso e sinto
Não há sossego.
...

O cansaço de pensar, indo até o fundo de existir,
Faz-me velho desde antes de ontem com um frio até no corpo.
O que é feito dos propósitos perdidos e dos sonhos impossíveis?

"Marcha para a derrota", Álvaro de Campos

Em sequência, nesse mesmo 1927, surge um "Esboço para Tabacaria" em que diz (resumo):

O homem, lobo da sua inspiração [referência à frase do dramaturgo romano Plauto, em *Aulularia*, *Homo homini lupus*; Pessoa usava recorrentemente esse tipo de citação implícita], segue revoltado e ignóbil, no rodar imperturbável da Terra, sem sossego, sem outro conforto que a realidade de suas ilusões, governa, levanta guerras, deixa de si memórias de numerosas batalhas, versos e edifícios. A terra esfriará sem que isso valha. Se deu vida, dará a si a morte. Outros sistemas de astros e de satélites darão porventura novas humanidades. Cristos outros subirão em vão às novas cruzes.

Depois, na mesma direção, outros pequenos poemas vão aparecendo. Até que, em 15 de janeiro de 1928, acaba de escrever o maior deles. Aquele pelo qual, mais que todos os outros, será para sempre lembrado. "Uma espécie de epopeia do fracasso absoluto", assim define Robert Bréchon. O "mais belo poema do mundo", segundo Rémy Hourcade. Publicado em julho de 1933 na revista *Presença*, número 39, ocupa toda a capa e mais uma página interior; com título escrito em grandes letras, de um canto a outro dessa capa, de maneira diferente — *TaBaCaRia*.

Mas qual a tabacaria do "Tabacaria"?, eis a questão. Precisava saber. Para alguns biógrafos, seria a Tabacaria Costa, ainda hoje funcionando na rua Áurea, 295; porque era lá, quase sempre, que comprava cigarros. Segundo outros, a Casa Havaneza, do Chiado, rua Garret, 124–134, dedicada ao *comércio de cigarros por miúdo, outros artigos para fumadores, jornais, lotaria*. E vizinha da Brasileira, aonde ia com frequência. Ou a Leitaria Académica, destinada ao *comércio e venda de leite, laticínios, pastelarias, vinhos, engarrafados e a miúdo, frutaria, águas minerais etc*. Neste caso, uma impossibilidade absoluta, por ter sido inaugurada só em 1.º de janeiro de 1938, quando Pessoa já estava morto. Opiniões dadas, todas, sem qualquer fonte histórica. Só que a versão mais comum, entre autores, é que seria A Morgadinha, situada na rua Silva Carvalho,

13–15, esquina com Coelho da Rocha — a rua em que morava Pessoa, quando foi escrito "Tabacaria"; por ser o único local em que se podia comprar tabacos nas proximidades do edifício em que morava. A ideia de que tenha sido mesmo ela se baseia no próprio poema:

Janelas do meu quarto,
Do meu quarto de um dos milhões do mundo
que ninguém sabe quem é.
(E se soubessem quem é, o que saberiam?)

Foi dessa janela que o poeta viu o amigo Estêves, algo em princípio razoável. Mas essa tese também não se sustenta. Primeiro, porque o quarto de Pessoa, no interior do apartamento, não dava para janela nenhuma; sendo único, com vista para a rua, o destinado à sobrinha. Essa informação me foi dada pela própria Manuela Nogueira, com toda autoridade de quem dormia em dito quarto da frente. E também por António Manuel Rodrigues de Seixas, filho do barbeiro Manassés, que, ainda criança, acompanhava o pai (quase sempre) quando ia fazer, diariamente, a barba de Pessoa no seu quarto. O apartamento foi depois inteiramente destruído, por dentro, nas reformas para a ambientação da hoje Casa Fernando Pessoa. Mas a planta que desenhou esse filho de Manassés, em minha frente, começa com sala de jantar e quarto destinado às crianças, ambos com janelas; depois um corredor, o quarto da irmã Teca e, só então, o de Pessoa. Pequeno. Escuro. Quente. *Deprimente*, segundo seu testemunho. E sem janela nenhuma, nesses dois quartos vizinhos.

Há uma explicação natural para isso. É que Pessoa tinha sucessivas crises de gripe, como provam anotações de seu diário. Algo próprio de quem tinha o mesmo peito chato de tuberculoso do pai, que morreu quando tinha o poeta só cinco anos. "*No tempo em que festejava o dia dos meus anos/ Eu era feliz e ninguém estava morto*", diz Álvaro de Campos em "Aniversário". E fazia bem, à sua saúde, um quarto mais quente, sem janelas. Também porque essa A Morgadinha ficava numa esquina, em local mais recuado que os demais imóveis da Coelho da Rocha — entre eles, o edifício de Pessoa. Do mesmo lado da rua. E ainda quando se projetasse o corpo para fora da janela do apartamento, olhando para o lado esquerdo (como fiz), não se poderia vê-la da janela daquele quarto da frente. Razão pela qual jamais poderia ser essa a "*Tabacaria de defronte*", ou "*do outro lado da rua, como coisa real por fora*", como lembra nos versos. Não só por isso. Também, e sobretudo, pela circunstância de nem existir essa A Morgadinha, naquele tempo. Segundo registro da Conservatória do Registro Comercial de Lisboa, foi constituída (registro número 32.082) apenas em 3 de junho de 1958, dedicada *ao comércio de leiteria, pastelaria, vinhos e frutas*. Tinha sede na rua Silva Carvalho, 13–15, esquina com a rua Coelho da Rocha, 2–4 (dissolvida pouco depois, por escritura de 17 de outubro de 1971, do 15.º Cartório Notarial de Lisboa).

Segundo os muitos depoimentos que me foram dados por vizinhos daquele tempo, seus proprietários seriam Oliveira e Trindade; e por uma porta do estabelecimento, na rua Silva Carvalho, *era guardado o automóvel Ford de um dos seus proprietários*. Não terá sido bem assim. Oliveira, com certeza, é Manuel Santana de Oliveira, solteiro, maior, empregado do comércio, morador da avenida Padre Manuel da Nóbrega, 19–4.º esquerdo — um dos sócios que criaram, em 1958, essa A Morgadinha. Enquanto Ford era marca praticamente inexistente em Lisboa, nos tempos de Pessoa. Assim, mais certamente, se tem que Oliveira, a partir de 1958, guardava ali seu automóvel; traída, pelo tempo, a memória desses velhos vizinhos com quem conversei. De certo apenas se tendo que à época do poema, no endereço daquela esquina, havia mesmo um (outro) estabelecimento que vendia vinhos e chocolates, além, segundo a sobrinha Manuela Nogueira, de *jornais, tabacos e artigos de papelaria*. Sem mais registros, na Conservatória, para saber como se chamava. Seu proprietário era António Lopes. Esse nome, António, me foi inclusive lembrado pelo filho de Manassés. Já o empregado que atendia Pessoa, Júlio Trindade (*Oliveira e Trindade*, segundo os depoimentos), morava na rua Saraiva de Carvalho, 114, bem próximo ao endereço. Era ele o "*rechonchudo Trindade*" de que falava Bernardo Soares, no *Desassossego*.

Em busca do seu verdadeiro endereço, bom lembrar que, em fins do século XIX, a cidade tinha oitenta delas explorando o mercado de cigarros, cigarrilhas e charutos, por vezes também vendendo jornais e loterias (algumas, ainda, fazendo câmbio de moedas). Começava, então, a era das "Havanezas", um símbolo da *belle époque* na Lisboa daquele tempo. Mais famosas eram a já referida Casa Havaneza, do Chiado, retratada por Eça no final de *O crime do padre Amaro*; a Nova Casa Havaneza, rua dos Capelistas, 136–140; a Tabacaria Bela Havaneza, rua da Prata, 207; a Havaneza do Socorro, esquina da rua da Palma com a de São Lázaro, referida por Pessoa em carta a Geraldo Coelho de Jesus (10/08/1919). Por essa época, nasceu também a Havaneza de São Pedro de Alcântara, à rua de São Pedro de Alcântara, 47, Concelho de Oeiras, que vendia bilhetes para visitar a Vila de Sintra e as Águas de Caneças, famosas por *curar anemias, dores nos intestinos e indisposições estomacais*, além de velas de estearina para iluminação dos interiores das casas — com vantagem, sobre as demais, por não produzirem fumo e terem reduzido cheiro de unto queimado. E, mais, a Havaneza do São Carlos, a Havaneza de Belém, a Havaneza Central de Coimbra, a Havaneza Áurea e a Havaneza Bocage (em Setúbal).

Entre essas, fundada também ao final do século XIX, a Havaneza dos Retroseiros. Ficava em frente ao escritório da Casa Moitinho de Almeida, onde trabalhou Pessoa até sua morte (foi o proprietário, Carlos Eugênio, quem pagou seu enterro). Esquina da então rua dos Retroseiros, 63–65 com a rua da Prata, 65 (até pouco antes, rua Bela da Rainha). Retroses são fios de seda ou algodão, para costura ou bordado; tendo esse nome, a serventia, por reunir todas as retroserias da parte baixa da cidade. Ainda hoje assim se dá. Antes, a rua se chamava D'El-Rei; em sequência, Da Madalena; e, finalmente, Dos Retroseiros. Mais tarde, ainda mudaria para o nome que hoje tem, Da Conceição. No mesmo imóvel, presentemente, está a Pelaria Pampas — estabelecimento dedicado ao comércio de peles, sobretudo da Argentina. Por conta de mudanças na geografia da cidade, a pelaria, que ocupa hoje o imóvel, já não se volta em um dos lados para a rua da Prata, recebendo, sua única porta, o número 63 da rua da Conceição. Segundo o *Almanaque Palhares* de 1900, essa Havaneza dos Retroseiros é definida como um *depósito de tabacos medicinais e estrangeiros, jornais, loterias e outros artigos próprios para fumadores*; com telefone 21.004, assim consta na Lista dos Assinantes da Companhia de 1930. Seu proprietário, no começo do século, era Manuel Alves Rodrigues — um cavalheiro magro, com bigodes retorcidos de volta inteira, barbicha no queixo (conhecida então como *pera*) e cabelo (bem à moda da época) apartado ao meio. Usava colarinho gomado, de pontas redondas, e laço caindo *à Lavallière*, como um colar. Em 1922 (segundo o *Anuário comercial de Portugal*), morto Alves Rodrigues, passa o estabelecimento às mãos de outro Manuel, agora Gonçalves da Silva. É essa a tabacaria do "Tabacaria".

Na Casa Moutinho de Almeida, Pessoa datilografava seus poemas à noite, depois de findos os trabalhos comerciais de tradução. Quando podia usar, para isso, a máquina de escrever Royal do patrão. A informação é do poeta Luís Pedro Moitinho de Almeida, filho do proprietário, que, pela manhã, comentava os versos com seu autor. No primeiro andar do escritório, havia uma sala só para ele. É esse o quarto do poema ("*janelas do meu quarto*"). Mansarda, como diz, "*Mas sou e talvez serei sempre o da mansarda, ainda que não more nela*", posto que morava na rua Coelho da Rocha. E da janela do escritório, como pude comprovar, dá mesmo para ver bem o imóvel em frente, onde ficava a dita Havaneza dos Retrozeiros. Sendo prova definitiva de ser mesmo essa, a tabacaria, dada pelo próprio Pessoa, em poema que começa com esses versos:

Cruz na porta da tabacaria!
Quem morreu? O próprio Alves? Dou
Ao diabo o bem-estar que trazia.
Desde ontem a cidade mudou.

Quem era? Ora era quem eu via
Todos os dias o via.
...
Ele era o dono da tabacaria
Um ponto de referência de quem sou.

Sem título, 14/10/1930, Álvaro de Campos

O Alves do poema, como vimos, é Manuel Alves Rodrigues, antigo proprietário do estabelecimento. Sem informação sobre se Pessoa teria conhecimento, quando escreveu "Tabacaria", de haver já então morrido. Seja como for, não teria estranhado, que sempre se refere, a ele como "*o dono pálido da tabacaria*". No mundo real, mais provavelmente, essa "*cruz na porta da tabacaria*", do poema de 1930, se refere a um funcionário (sem registro de seu nome) que sempre atendia Pessoa. Por Bernardo Soares, sabemos tratar-se do caixeiro, que "*era em certo modo, casaco torto e tudo, a humanidade inteira*". Mais tarde, confessaria:

> Quando ontem me disseram que o empregado da tabacaria se tinha suicidado, tive uma impressão de mentira. Coitado, também existia! Tínhamos esquecido isso, nós todos, nós todos que o conhecíamos do mesmo modo que todos que o não conheceram. Amanhã esquecê-lo-emos melhor. Mas a mim, como à humanidade inteira, há só a memória de um sorriso parvo por cima de um casaco de mescla, sujo e desigual nos ombros. Pensei uma vez, ao comprar-lhe cigarros, que encalveceria cedo. Afinal não teve tempo para envelhecer.

Os personagens

> *Onde estão os antigos, as forças, os homens, os guias, os guardas?*
> *Vão aos cemitérios, que hoje são só nomes nas lápides.*
> "Últimas palavras", Álvaro de Campos

Precisava ir mais longe nessa busca. E tentei saber quais seriam, no mundo real, os personagens do poema. Cinco são referidos. Além de Pessoa, que tem sua própria vida marcada em quase todos os versos — o gosto pela bebida, o medo de enlouquecer, cigarro, sonhos, angústias. O primeiro está nestes versos, entre parênteses:

(Come chocolates, pequena;
Come chocolates!
Olha que não há mais metafísica no mundo senão chocolates...)

Essa "pequena" é sua sobrinha Manuela Nogueira. Como ela própria me confessou, *a leiteria onde comprava chocolates com moedas dadas pelo tio Fernando era aproximadamente dois prédios a seguir ao n.º 16 da rua Coelho da Rocha, talvez n.º 10 ou 12. O proprietário era o senhor Trindade, de que me lembro como se fosse hoje.* O endereço verdadeiro era rua Coelho da Rocha, 2-4, esquina com rua Silva Carvalho, 13-15, a cerca de cinquenta metros do edifício de Pessoa. Podendo a sobrinha comprar seus chocolates sem o risco de ter de atravessar rua nenhuma. E Júlio Trindade não era o proprietário, mas simples empregado (já vimos isso). O segundo personagem está nestes versos:

Mas o Dono da Tabacaria chegou à porta e ficou à porta.
Olho-o com o desconforto de cabeça mal voltada
E com o desconforto da alma mal-entendendo.

O dono dessa tabacaria, também já vimos, era Manuel Ribeiro Alves. Seguem-se mais dois personagens, novamente entre parênteses:

(Se eu casasse com a filha da minha lavadeira
Talvez fosse feliz.)

Lavadeiras estão presentes em alguns poemas de Pessoa. Como neste, de 15/09/1933: "*A Lavadeira no tanque/ Bate roupa em pedra boa/ Canta porque canta e é triste/ Porque canta porque existe/ Por isso é alegre também.*" Essa lavadeira de agora se chamava Irene; e sua filha, Guiomar. Chegando mesmo Pessoa a pensar em casar com dita Guiomar, entre as duas fases da relação com seu implausível amor, Ophélia Queiroz. Essa paixão, secreta, explica uma história divertida, que começa quando o amigo Thomas d'Almeida pede-lhe que registre sua filha — indicando, como nome que deveria ter, *Múcia Leonor*; sendo o registro feito, por

Pessoa, com o nome de *Múcia Guiomar d'Almeida*. Mesmo nome daquela tardia Guiomar que quase mudaria sua vida. Antes, em 1916, os espíritos dos heterônimos More e Wardour já haviam sugerido que a mulher por quem deveria se apaixonar seria uma governanta — descrição muito mais próxima dessa Guiomar que de Ophélia. E, em *A educação do estoico*, escreve: "*Tive um dia a ocasião de casar, porventura ser feliz, com uma rapariga muito simples, mas entre mim e ela ergueram-se-me na indecisão da alma quatorze gerações de barões*" (dita citação a *barões* tem sentido por ser o texto assinado pelo heterônimo Barão de Teive). A confissão se completa indicando que "*data dessa hora suave e triste o princípio do meu suicídio*".

O quinto e derradeiro personagem é o único nomeado, Estêves:

O homem saiu da Tabacaria (metendo troco na algibeira das calças?).
Ah, conheço-o; é o Estêves sem metafísica.
(O Dono da Tabacaria chegou à porta.)
Como por um instinto divino o Estêves voltou-se e viu-me.
Acenou-me adeus, gritei-lhe Adeus ó Estêves!...

Pessoa não cita esse Estêves em nenhum outro escrito. Única referência possível está no fragmento 481 do *Desassossego*, que fala em um "*velhote redondo e corado, de charuto, à porta da Tabacaria*". Talvez fosse ele. A hipótese não é desarrazoada, que nesse fragmento, logo após referir o dito "*velhote*", imediatamente lembra "*o dono pálido da Tabacaria*" — completando, como Soares, "*o que é feito de todos eles que, porque os vi e os tornei a ver, foram parte de minha vida?*". Dois personagens que estão coincidentemente juntos, no poema e em duas linhas seguidas do *Desassossego* — "*o Estêves sem metafísica*" e "*o dono pálido da Tabacaria*". Problema é não haver, entre seus amigos de cafés ou letras, um único Estêves. Nem artistas ou políticos importantes em Lisboa com esse nome. Na busca de algum personagem a quem poderia se referir, três nomes deveriam ser considerados, por terem (alguma) evidência na Lisboa daquele tempo — segundo consulta ao *Diário de Notícias*, maior jornal da época, nos três anos anteriores ao poema. João Manuel Estêves Pereira (nascido em 1872), empregado público e escritor que, junto com Guilherme Rodrigues, redigiu o *Dicionário Portugal*; além, bom lembrar, de ter sido aluno do mesmo Instituto Superior de Letras frequentado por Pessoa. Francisco Romano Estêves (nascido em 1882), pintor, organizador dos Salões de Belas-Artes do Cassino do Estoril e diretor da Sociedade Nacional de Belas-Artes de Lisboa. E Raul Augusto Estêves (nascido em 1897), oficial do Exército que lutou em Flandres na Primeira Guerra, teve influência no Movimento de 28 de maio de 1926 e foi alvo de atentado ao final da Primeira República.

Mas esses três nomes, em princípio, devem ser descartados. Que Pessoa tinha um estilo bem definido ao escrever. Todas as referências que constam de poemas e outros textos seus estão em sua volta ou nas obras que lê; e jamais usaria um nome aleatório em poema, como esse, que pressentia eterno. Cheguei a imaginar pudesse vir a ser só um jogo de palavras. Estêves é aquele que já não está lá, que *esteve*. Uma hipótese (quase) delirante. Há, pois, que buscar esse Estêves na sua própria vida. E, se assim for, ele está fisicamente perto. No caso, trata-se de Joaquim Estêves, vizinho que frequentava a casa da família na rua Coelho da Rocha — e que morava bem próximo, na rua Saraiva de Carvalho, 200. Um anônimo desses tantos que passam pela vida e não deixam maiores registros. "*Sem metafísica*", como a ele se refere o poema. Mas tão íntimo da família que, a seu pedido (a irmã, com a perna quebrada, estava presa à cama em Cascais; e o marido, a seu lado, a cuidar dos filhos), foi declarante do Assento de Óbito do próprio Pessoa — número 1.609, hoje na 7.ª Conservatória do Registro Civil de Lisboa. É ele, afinal, o Estêves de "Tabacaria".

O encontro

> *Se ao menos, eu por fora fosse tão*
> *interessante como sou por dentro!*
> "Opiário", Álvaro de Campos.

Fosse pouco, essa relação íntima com Pessoa, um dia encontrei com ele. Conto como foi. Tudo se deu numa tarde quente, quando passeava pela "*Nobre Lisboa que no mundo/ Facilmente das outras és princesa*", como a sonhou Camões (*Os Lusíadas*, Canto III). Enquanto, para Pessoa, era somente uma "*Eterna verdade vazia e perfeita*" (*Lisbon Revisited — 1923*). E na Praça Camões, bem no centro do Chiado, afinal o encontrei. Seu traje não permitia qualquer dúvida. Sapatos pretos de verniz, como os que comprava na Sapataria Contente da avenida Liberdade — hoje, sem mais restos de sua presença na cidade. Camisa branca, gomada, que vinha da Camisaria Pitta, na rua do Ouro — agora, também, convertida em lembrança do passado. Terno, de corte anglo-saxônico, feito pelos mestres da Casa Lourenço e Santos — ali pertinho, ainda hoje nos Restauradores. A mais cara de Lisboa, naquele tempo. Mesmo sem ter recursos para pagar esse luxo. Tendo que aturar cobradores da Procural, todos os meses, na sua porta. Com cartola, cinto, sapato, calça, camisa e fraque vermelhos, parecendo amebas ambulantes, para horror da vizinhança que o via com pena. Óculos de tartaruga, pesados, em substituição aos de metal que antes usava. Gravata-borboleta cinza, para combinar com o chapéu também cinza, estilo Diplomata, que usava tombado para o lado direito. Era ele. Sem dúvida possível, só podia ser. Quando contei essa história, mais tarde, Maria Lectícia insinuou que era um sósia. E respondi que ela não entendia nada de fantasmas.

  Uma relação assim próxima não se deu apenas comigo. Luiz Rufatto confessou que se apresentou fisicamente, a Pessoa, numa tarde azul de outono. E Jorge Luis Borges lhe pediu, "Deixa-me ser teu amigo". Voltando ao encontro, preferi apenas acompanhá-lo. De longe. Curioso para saber aonde iria. E sem tomar intimidades. Ele, volta e meia, olhava para trás. Sem compreender, talvez, por que estava sendo seguido. Tomou, primeiro, a direção da Igreja dos Mártires. Onde foi batizado. Trocou de calçada, em seguida, indo para perto da Brasileira. E passou em frente à estátua com figura igual à dele, junto à cadeira sempre ocupada com turistas para previsíveis fotos. Até estranhou, percebi. Ao notar semelhanças, no rosto e nos trajes, entre ele e o bronze. Continuei seguindo seus passos. E ele olhando para trás. Como se temesse pelo encontro. Mais uma vez, mudou de caminho, indo agora na direção dos elevadores da Santa Justa. Eu atrás, claro. Então, deu uma última olhada. Dobrou a esquina da Livraria Bertrand. E saiu correndo, como se estivesse com (muita) pressa. Lectícia diz que o rapaz estava era com medo de ser assaltado. Não faltava mais nada. Que estranhasse um amigo.

O soneto

> *Sonetos são infância, e, nesta hora,*
> *A minha infância é só um ponto preto.*
> "Regresso ao lar", Álvaro de Campos

Voltando para casa, sobre a mesa em que estavam papéis dele, dei-me com um dos textos que deixou na arca em que guardava tudo o que escrevia. E ali estavam seis versos do que seria o início de um soneto. Mais nada. Jamais se saberá para quem se destinavam. Talvez Fernanda de Castro, que admirava, mulher do amigo íntimo António Ferro. No caso, então, um amor proibido, *"esse terror de amar-te, sem poder"*. Ou as razões que o levaram a deixar escritas essas palavras. Como se fossem pistas. Nem por que parou de escrever, de repente. Nem por que estava solto aquele papel, sobre a mesa, como que pedindo fosse o soneto completado. Atendi sua vontade. Dei-lhe um título. E escrevi os oito versos restantes. Convertendo-me enfim, com orgulho e padecimento (pelas comparações), em seu parceiro. Após o que, perdão companheiros meus, ando todo prosa. Por conta desse poema feito com ele. Aqui vai a prova, com os seis primeiros versos de Pessoa e os restantes meus:

[Soneto da Mágoa]

Ah! Se soubesses com que mágoa eu uso
Este terror de amar-te, sem poder
Nem dizer-te que te amo, de confuso,
De tão senti-lo, nem o amor perder

Se soubesses com que ódio a não saber
Falar-te do que quero, me escuso
[Entenderias que nesse escrever
Revivo a alma de um poeta luso

Porque te amo como quem te odeia
Como se o Cristo ao fim daquela ceia
Beijasse o rosto do seu traidor

E te desprezo como quem tonteia
Como se o sal que corre em tua veia
Fosse a semente deste nosso amor.]

A essa altura da conversa, lembro curioso heterônimo de Pessoa. Um espírito, por ele encarnado, que se chamava James Joseph. E digo por que lembro. É que dito senhor, quando achava ruim algum poema que Pessoa escrevia, de lado anotava: "Não. Não. Não. Não." Dando-se nesse caso do soneto que, ao dormir, deixei sobre a mesa o tal *soneto em parceria* já pronto. Manhã seguinte, estavam no papel aquelas palavras fatídicas de Joseph: "Não. Não. Não. Não." Como se tivesse desaprovado o complemento que fiz. Lectícia jurou não ter sido ela quem escreveu aquilo. E disse ainda, provocando, "vai ver foi seu amigo Pessoa, que o fez por uma de suas criaturas". Retruquei, indignado, ele jamais escreveria isso num texto assim. Firmado por amigo tão leal. Lectícia completou, "é que você não entende nada de fantasmas". E sorriu.

O SENHOR DOS ANÉIS,
DE J. R. R. TOLKIEN,
POR JOSÉ ROBERTO DE CASTRO NEVES

Ter 13 anos não foi fácil. Ao menos para mim. Na minha cabeça, eu podia tudo. Sentia-me absolutamente apto e preparado para fazer o que bem entendesse. A realidade, contudo, era bem distinta. Com 13 anos, havia pouca coisa que eu podia fazer, ainda mais se comparado com o que eu desejava fazer.

O futuro, para mim, vivia a uma distância inalcançável. Minha frustração tinha o tamanho desses inúmeros desejos e projetos que os 13 anos me impediam de concretizar. Queria viajar sozinho, sair para algum lugar e retornar apenas quando me desse na telha, ir ao colégio somente se me sentisse disposto, confessar minha paixão por uma menina mais velha, comprar um violão melhor, participar desenvolto das conversas dos adultos... Havia, entre outras diversas limitações, duas draconianas proibições impostas pelos meus pais: não me permitiam ir à praia ou ao Maracanã sem um adulto. Sem um adulto?! Eu já tinha 13 anos!

Sempre gostei de ler. Minha família me deu esse precioso exemplo: minha avó lia para mim e me ensinava mitologia grega. Meus pais sempre tinham livros por companheiros — e eu vivia numa casa com uma vasta biblioteca. Todavia, talvez até os 13 anos, ler era apenas mais uma das coisas que eu gostava de fazer, como jogar futebol, xadrez ou botão, ou tocar violão, que eu começara a praticar um ano antes.

Treze anos, acho, é aquela idade na qual você tem de decidir, prematuramente, o que vai ser. Não me refiro à escolha entre ser médico, engenheiro ou advogado, mas me refiro ao caminho intelectual, que, de alguma forma, transforma você num ser um pouco mais solitário, mas, ao mesmo tempo, mais conectado com o mundo. Embora sem muita clareza, eu tinha essa noção. Isso me angustiava.

Nas férias longas e calorentas do Rio de Janeiro, comprei, com o contado dinheiro da mesada, os três livros que compõem *O senhor dos anéis*. Um amigo mais velho havia lido a epopeia e entrado num transe. Achei a ideia diferente. Não havia, acredito, versão para o português do Brasil. A minha edição, que guardo até hoje como uma relíquia, é portuguesa — Publicações Europa-América.

Logo na segunda folha desses três livros portugueses encontra-se a seguinte advertência: "Venda interdita na República Federativa do Brasil". Achava curioso que esse livro "proibido" tivesse chegado a minhas mãos. Essa restrição, na época, chamou minha atenção. "Que absurdo", pensei, "proibirem a venda de livros!"

Muito depois, vim a saber que, por outras razões, *O senhor dos anéis* foi censurado na Rússia comunista, pelo risco que ele supostamente proporcionava.

Com 13 anos, li *O senhor dos anéis*.

Seu autor, J. R. R. Tolkien, foi um professor da Universidade de Oxford, especialista em literatura e línguas — dominava inúmeros idiomas e dialetos antigos. Um homem erudito. Fervoroso católico, devotado à família. Na contracapa dessa minha edição, havia a foto, em preto e branco, do autor: um velhinho, vestindo uma formal gravata e com um cachimbo na boca. Ele exalava um ar respeitoso. Ademais, era J. R. igual a mim.

Em *O senhor dos anéis*, Tolkien cria um mundo, a Terra Média, habitada pelo homem, mas também por seres fantásticos. Elfos, anões, árvores caminhantes, orcs, trolls, aranhas gigantes, dragões (aliás, uma galeria de monstros), feiticeiros poderosos, entre muitos outros. Havia ainda hobbits, uma espécie de homens pequenos — mas não desproporcionais, como os anões. Os hobbits se vestiam elegantemente, porém jamais usavam sapatos, deixando à mostra seus pés peludos. Desconfiados no início, porém extremamente afetuosos depois de estabelecida uma relação. Os pacatos hobbits viviam no campo. Gostavam de coisas simples e da vida sossegada.

Na Terra Média, havia lugares fabulosos, castelos e florestas, que remetiam ao romantismo da Idade Média, com tradições e regras de honra, comuns aos cavaleiros medievais. As batalhas eram travadas pela espada e pelo arco e flecha, armas nobres, limpas e elegantes.

Mas, além de luz, havia trevas. O Lorde das Trevas havia forjado um anel do poder, com o propósito de dominar todos os demais povos da Terra Média. Fez isso por meio de um engodo. Ele deu aos senhores dos elfos, dos homens e dos anões anéis mágicos. Três para os reis elfos, sete aos reis anões e nove aos reis homens. Eles não sabiam, entretanto, que o anel de Sauron controlaria todos os demais. "Um anel que a todos rege, Um anel para achá-los, Um anel que a todos traz, para na escuridão atá-los" — "*One ring to rule them all, One ring to find them, One ring to bring them all and in the darkness bind them*", lia-se no anel. A ambição os condenou.

Os elfos, entretanto, não foram enganados. Ao contrário, os anões e os homens acabaram corrompidos pela expectativa de riqueza e poder. A partir daí, muitos passaram a ser controlados pelo Senhor das Trevas. Sauron desejava o domínio completo da Terra Média. Uma grande guerra se instala — elfos, anões e homens se unem contra o mal. Ao fim, Sauron cai derrotado. O então líder dos homens, o rei Isildur, se apodera do "um anel". Em vez de destruí-lo, o homem se deixa seduzir pelo poder. Dessa forma, o mal não morre.

Esse anel amaldiçoado chega, após uma série de acasos, a Frodo, um simples hobbit, que compreende a necessidade de destruí-lo, tarefa que apenas será possível se o objeto for levado ao Monte da Perdição, nas terras de Mordor, para que derreta no mesmo local onde foi forjado.

Para levar adiante essa pesada empreitada, Frodo conta com a ajuda de outros três hobbits, um anão, um elfo e três homens — entre eles o poderoso mago Gandalf e o corajoso Aragorn, que se revela o herdeiro, depois de uma longa linha sucessória, de Isildur, o antigo rei.

A destruição do anel torna-se fundamental, porque Sauron desperta e prepara um novo e fatal ataque.

São muitos nomes diferentes. Lugares imaginados e seres que só existem nas nossas cabeças. À medida que a leitura avança, um orc ou um troll passa a ser tão real quanto um leão e uma girafa. Esses seres se materializam nas nossas mentes. Tudo existe: apenas vivem em dimensões diferentes.

O senhor dos anéis é composto de uma trilogia, que começa na *Irmandade do anel*, quando se forma esse grupo — composto de hobbits, homens, um anão e um elfo —, com o propósito de destruir o anel. No segundo livro, *As duas torres*, o grupo se dispersa e as forças do mal e do bem digladiam. Finalmente, em *O retorno do rei*, Frodo consegue destruir o anel e, com isso, aniquilar definitivamente Sauron. Aragorn assume a coroa.

Uma das figuras fortes do livro é o Gollum. Este, no passado, foi um hobbit que deteve o anel por muitos anos. Fisicamente, o Gollum se encontra absolutamente deteriorado. Esquálido, com poucos dentes, uma figura asquerosa. O anel, magicamente, deu-lhe uma vida longa, porém afastado de todos, afundado em neuroses. Com o tempo, ele se tornou um pequeno monstro, que se dirigia ao anel como "meu precioso". O Gollum persegue Frodo e, de forma involuntária, o ajuda — embora seu verdadeiro intento fosse matá-lo e, com isso, reaver a joia. Frodo compreende o risco de permitir a companhia do Gollum, mas não tem escolha, pois sabe que a criatura conhece o caminho até Mordor.

O anel é um claro símbolo do poder — uma força absoluta e amoral —, que corrompe facilmente quem o detém. O Gollum se desumaniza por possuir o anel ao longo de tanto tempo. Fica claro que ninguém está imune ao poder. No entanto, o poder se revela menos nocivo se seu detentor for puro — como um hobbit, que, na prática, possui o espírito de uma criança. Assim, o livro apresenta um herói improvável, que não se destaca pela força, beleza ou inteligência, mas pela inocência e pelos bons propósitos.

A trilogia foi publicada entre 1954 e 1955 para se tornar um clássico instantâneo. A história, linda e bem contada, vinha repleta de lirismo e simbologia, com personagens vivos, plenos de personalidade e carisma. Como apontou W. H. Auden, o valor literário do livro pode ser medido pelo número de diferentes leituras que ele permite — e o *Senhor dos anéis* admite um sem-fim delas.

O livro, como disse, está adornado de metáforas e alegorias, plenas de conteúdo moral, como a necessidade de união dos povos, a estupidez de preconceitos e uma visão precursora de respeito ao meio ambiente e do pacifismo (as forças do mal destroem as florestas e desejam armar seus orcs). Encontra-se, ainda, uma contundente mensagem de esperança e de coragem para enfrentar as dificuldades. Afinal, o hobbit, uma criatura pequena e indefesa, pode vencer o mal. De tudo, entretanto, impressiona a força criativa de Tolkien, que transportou seus leitores a um mundo novo.

Entre os 13 e os 18 anos, li três vezes o livro, cada uma encontrando novas relações comigo e com tudo o que me cercava. O acesso à trilogia — assim como a outros trabalhos de Tolkien relacionados à Terra Média, como *O hobbit* e *O silmarillion* — tornou-me, involuntariamente, um iniciado. Porque havia um grupo que, assim como eu, ficara perdido na Terra Média. Com eles, percebi que se criava um vínculo mental. Uma espécie de cumplicidade entre os viajantes da Terra Média. "Ah, então você também esteve lá..." Assim, os iniciados passavam o tempo discutindo a vida dessas pessoas — Gandalf, Aragorn, Frodo, entre tantos outros — e os lugares onde haviam estado apenas nas suas mentes, como Mordor, Rivendell e o distrito dos Hobbits.

(Não demorei para perceber que essa cumplicidade na leitura me faria pertencer a diversas outras "irmandades", como, ainda na adolescência, a dos adeptos de Asimov e Arthur C. Clark, ou de Dostoiévski, Carlos Castañeda e Herman Hesse.)

No tempo, encontrei — e ainda encontro — referências de Tolkien a grandes clássicos medievais, em Shakespeare, em Wagner, assim como vi *O senhor dos anéis* servindo de inspiração, entre outros, para *Guerra nas estrelas* e *Game of Thrones*.

Comumente, vejo Gollums por aí, agarrados aos seus "preciosos", sem se darem conta de que esse apego os destrói e os isola. Também estive perto do anel, mas recusei tomá-lo para mim.

Com 13 anos, sofrendo todas as limitações normais de um menino daquela idade, *O senhor dos anéis* me mostrou o lugar onde eu seria absolutamente livre. Pela leitura, poderia visitar esse e outros mundos, sentir todas as emoções e experimentar vitórias e derrotas. Os limites se tonaram relativos. A fronteira do que eu podia fazer foi levada para a Terra Média, para Pasárgada, para a Ilha de Próspero ou para onde mais a leitura me levasse. Nunca mais fui o mesmo.

Em tempo: o político ou quem quer que exerça uma posição de poder deveria ler *O senhor dos anéis*. Uma providência profilática — a fim de evitar a proliferação de Gollums.

Ainda em tempo: morro de medo de reler *O senhor dos anéis*. Tenho aquela sensação do Rick Blaine (Humphrey Bogart) de *Casablanca*: é melhor não reviver um antigo amor, para evitar o risco de destruir a memória perfeita. Fico com a minha lembrança iluminada da Terra Média, intacta e sólida, em *technicolor* e *dolby stereo* — tão firmemente gravada que nem o Alzheimer a leva.

AS AVENTURAS DE HUCKLEBERRY FINN, DE MARK TWAIN, POR JOSÉ ROBERTO O'SHEA

Foram cinco encontros marcantes ao longo de 45 anos. O primeiro ocorreu ainda na minha adolescência, na tradução de Monteiro Lobato, publicada pela Companhia Editora Nacional em 1934. Dotado de uma postura tradutória que hoje seria considerada ortodoxa, Lobato excluiu a célebre nota em que Mark Twain sinaliza a questão das variantes da língua inglesa — nesse romance, diga-se logo que com genialidade se prescinde da norma culta, sendo a "autobiografia" de um moleque de 13 anos, semiletrado, filho do beberrão da cidade. É fato que, em cartas, o tradutor ressalta a necessidade e a intenção de "abrasileirar a linguagem", adaptando-a, tornando-a compreensível ao seu público-alvo infantojuvenil, estratégia tradutória por ele empregada não apenas em *Huck Finn*, mas também em *Peter Pan*, *Alice no País das Maravilhas*, *Robinson Crusoé*, *As viagens de Gulliver* e *Tom Sawyer*. Nesse esforço de adaptação, que, surpreendentemente, parece não se valer muito de marcas de oralidade, Lobato não hesita em retificar, normalizar as tantas falas no romance que divergem da norma culta. No entanto, cumpre ressaltar que tal normalização constituía prática corrente no contexto editorial da época. Mas, para o adolescente de 14 anos que eu era, questões de variação linguística e oralidade estavam longe de fazer parte do horizonte de expectativa, e o livro de Mark Twain, traduzido/adaptado por Monteiro Lobato (de quem eu já era fã e leitor), cativou-me de imediato, sobretudo os episódios cômicos, por vezes, tipo "pastelão", que me faziam rolar e chorar de rir.

O segundo encontro foi na graduação, na Universidade do Texas, sendo o primeiro embate com a obra original, nas aulas da professora Mimi Gladstein. Nesse encontro iniciei a lenta descoberta da rica dimensão dialetal da obra, fui marcado novamente pelo conteúdo de comicidade farsesca, principalmente as peripécias — e os relatos das peripécias — de Huck e Jim, e comecei a despertar para a importante dimensão "adulta" do livro, que extrapolava o inegavelmente divertido aspecto infantojuvenil.

O terceiro encontro foi no mestrado, na American University (D.C.), nas aulas de Charles (Chuck) Larson, ocasião em que pude apreciar melhor as tramoias impagáveis — e arriscadas — do Duque e do Rei, dupla de vigaristas, pilantras inveterados. Lembro-me da primeira vez que li no original a brilhante paródia ao "Imortal Solilóquio de Hamlet!!!", claro, "Ser ou Não Ser" (que aqui não é "a questão", mas "a ponta do punhal"), imposto pelo Duque audaz ao Rei pusilânime, mesclando versos de *Macbeth*, *Ricardo III* e, evidentemente, *Hamlet*. E comecei a despertar para conteúdos que transcendem o cômico e margeiam — ou mesmo confrontam — temas de peso, tais como hipocrisia, preconceito, ódio, opressão, violência, injustiça, intolerância, desobediência civil, entre outros.

O quarto encontro veio no PhD, na Universidade da Carolina do Norte, em Chapel Hill, nas aulas do saudoso Robert (Bob) Bain. Na ocasião, instado a me aprofundar na análise temática do romance, sensibilizei-me para além das dimensões cômicas e da sátira social, pensando os contundentes rebatimentos teológicos — críticos e satíricos — postulados por essa obra-prima mundial, por exemplo, a relativização do conceito de pecado. Refiro-me ao clímax do romance, quando Huck, jovem órfão e inculto, ao término de uma autorreflexão quase hamletiana, prefere condenar a própria alma ao inferno — "pecando" por ter ajudado um escravo fugitivo, propriedade legítima de uma cidadã — a delatar o amigo.

O quinto encontro foi um prazeroso embate, iniciado quando Rodrigo Lacerda e a Editora Zahar me convidaram para traduzir, anotar e introduzir *The Adventures of Huckleberry Finn* para a série Clássicos. E o convite veio, por assim dizer, acompanhado de uma generosa e ousada carta branca, que me possibilitava proceder com o atrevimento que me aprouvesse diante do dilema da tradução de variedades linguísticas e de marcas de oralidade. Não cabe aqui esmiuçar as estratégias tradutórias por mim criadas e adotadas para construir três níveis de variação linguística — a partir de marcadores sintáticos, lexicais e ortográficos —, com base na noção de dialeto social e no grau de instrução formal dos respectivos falantes (o Posfácio aborda essa questão). Mas posso garantir que foram 14 meses de trabalho intenso e apaixonado, um esforço que envolveu não apenas as colaborações valiosas de Marta Chiarelli, revisora com quem nada menos do que cinco versões da tradução, das notas e da introdução foram passadas e repassadas, mas também do próprio Rodrigo Lacerda e do Mauro Gaspar, da Zahar, com quem outras tantas versões foram trabalhadas. Quando, no início de 2020, recebi exemplares do livro e constatei que a primorosa edição desse romance fundador da literatura norte-americana moderna incluía, "de quebra", mais de uma centena de ilustrações criadas por E. W. Kemble para a primeira edição do livro, em 1884–85, esse quinto encontro — o mais recente, jamais direi o último — consolidou minha experiência de quase meio século com essa obra que marcou minha vida de leitor, estudante e docente de Literatura.

O SENHOR DOS ANÉIS,
DE J. R. R. TOLKIEN,
POR JOÃO EMANUEL CARNEIRO

Noite de inverno em Petrópolis, 1978. Tenho 8 anos de idade e minha mãe lê para mim, traduzindo diretamente do inglês, *O senhor dos anéis*. Frodo, Sam e Merry acabam de sair do "Distrito". Depois de atravessarem a floresta, percebem a aproximação dos cavaleiros negros e resolvem se esconder numa moita na beira da estrada. Os cavaleiros negros, espectros do anel, seres mais aterrorizantes do que qualquer criatura nefasta que jamais habitara minha imaginação, farejam o ar em busca do anel e dos hobbits.

Já é tarde. Minha mãe está com sono. Vou ter que esperar até a noite seguinte para saber a continuação da história. Eu suo frio na cama imaginando o destino dos meus pequenos e adorados heróis.

O bife com batata frita no almoço, escovar os dentes, o ônibus para a escola, o pingue-pongue no recreio, as aulas entediantes, o dever de casa, são uma dolorosa espera até o momento sublime em que minha mãe, depois do jantar, abre de novo aquele livro mágico que me teleporta diretamente para a Terra Média, um mundo infinitamente mais atraente do que a região serrana do estado do Rio de Janeiro durante o Governo Geisel.

Frodo, Sam e Merry conseguem se esconder dos cavaleiros negros e chegar até a estalagem na cidade de Bree, onde conhecem Aragorn. Respiro aliviado, mas a tranquilidade dura pouco. Dali a pouco os espectros do anel adentram a estalagem. Minha única esperança agora é o mago Gandalf.

Durante meses, o ritual noturno se repete. Minha pobre mãe não pode mais me negar, nem por uma única noite sequer, a dose diária de *O senhor dos anéis*, sob a ameaça de eu me negar a ir para a escola no dia seguinte.

Atravesso Moria com Frodo e a companhia do anel. Conheço Lady Galadriel, a mais antiga elfa. Guerreio com elfos, homens e anões contra Sauron em Gondor. O ônibus para a escola, o dever de casa, o bife com batata frita do almoço, praticamente não existem mais. Dou um basta da realidade. Passo a viver dentro do livro. Coloco um anel de ouro que foi da minha avó no dedo, certo da invisibilidade. Me visto como elfo. Divido os colegas e os professores na escola entre elfos, hobbits, anões, homens, orcs e trolls.

Nunca fui tão feliz como nos tempos em que vivia na Terra Média. Depois, na adolescência e na idade adulta, reli várias vezes a trilogia, sempre saudoso de Rivendell, das planícies de Rohan e de Fangorn, o homem árvore, "enida", que na tradução pro português chamava-se Barbárvore.

O senhor dos anéis é um livro circular, que para mim está sempre aberto, perto da mesa de cabeceira, onde eu posso mergulhar a qualquer momento e acordar na casa de Bilbo Baggins no Distrito.

É um livro matricial como saga de fantasia do século XX, tanto que serviu de base para quase tudo que foi feito depois nessa seara, desde *Guerra nas estrelas* até *Game of Thrones*.

Quem acusa *O senhor dos anéis* de ter sido escrito para ser um best--seller, não conhece a história de Tolkien, um professor de linguística da Universidade de Oxford que começou a escrever suas histórias para fazer uma surpresa para os filhos na noite de Natal.

Fundador e primeiro habitante da Terra Média, Tolkien foi fundo na sua viagem. Criou línguas e alfabetos para cada uma das raças dos habitantes do seu mundo, desenhou os mapas criando a geografia, e ainda escreveu o *O silmarillion*, contando a história arqueológica da Terra Média.

O senhor dos anéis nos leva para reflexões profundas e filosóficas. A jornada de Frodo, um ser simples e adorável que é maculado pelo poder do anel, e não pode mais continuar na Terra Média por causa disso, é uma metáfora fortíssima e belíssima da perda da inocência na travessia da vida.

Acabei trabalhando com ficção, muito por culpa de Tolkien, e me pergunto sempre, ao criar um personagem, qual é sua jornada; afinal, tanto Tolkien quanto Guimarães Rosa sabem muito bem que "O real não está no início nem no fim, ele se mostra para a gente é no meio da travessia".

Nesses tempos difíceis e confusos de pandemia e confusões políticas, outro dia mergulhei de novo no livro da minha vida e me vi de novo na cidade dos elfos em Rivendell. Que alívio! E quer saber? Dane-se a realidade! Viva o escapismo! Ou como diziam os hippies da Inglaterra nos anos 1960: "Gandalf pra presidente!"

HAMLET, DE SHAKESPEARE, POR LIANA LEÃO

Um livro que mudou a minha vida? Talvez um autor?

A primeira página de Shakespeare que li provocou uma identificação por toda a vida, e quando tinha terminado a primeira peça, fiquei como um cego de nascença a quem um gesto milagroso dá, num instante, a visão. (Goethe, "Discurso para o Dia de Shakespeare")

Em busca de uma resposta para o desafio proposto pelo amigo José Roberto de Castro Neves, retomo o fio de minha relação com os livros. Talvez tudo tenha começado aos oito anos, quando li sobre um concurso numa revistinha infantil que oferecia como prêmio um livro ilustrado. Um dia, o correio trouxe não apenas um livro, mas dez coleções de dez livros, com disquinhos de vinil colorido encartados. Eu passava as manhãs deitada no tapete do corredor, a vitrolinha portátil girando, ouvindo vozes mágicas saindo dali. Talvez tenha sido plantado ali o gosto por histórias.

Na adolescência, li duas frases que definiram minha relação com os livros. A primeira: *Uma sala sem livros é como um corpo sem alma.* Eu não conhecia Cícero, mas precisava ter certeza que tinha uma alma. Tratei de conseguir livros, que eram, naquela época, objetos físicos e preciosos, irradiando reverência e autoridade. A segunda: *Quando tenho um pouco de dinheiro, compro livros. Se sobrar algum, compro roupas e comida.* Mesmo sem seguir ao pé da letra o conselho de Erasmo (talvez eu intuísse a metafísica do chocolate de Fernando Pessoa), entendi que livros deveriam ser postos na conta das necessidades vitais, de sobrevivência mesmo. E, aos poucos, fui abrindo o leque de leituras, expandindo minha adolescência, um período que corre o risco de ser sempre ensimesmado. Lia por várias razões: para passar o tempo, escapar da mesmice do entorno, aprender coisas novas, adentrar mundos desconhecidos.

Hoje, leio para aplacar a angústia difusa de me saber um simples acaso na estranha ordem, ou desordem, do mundo. Em um mundo de muitos barulhos e distrações, busco silêncio e solitude — solitude, a solidão reflexiva a que a leitura convida, povoada pelo autor, os personagens e por outros leitores... (Há uma aura no livro usado que o frequentador de sebos bem compreende. Encontram-se ali livros órfãos que um dia encheram de sentido a vida dos que já se foram.)

Preciso enfatizar que Shakespeare é um gosto cultivado, que não nasceu como costuma nascer nos jovenzinhos ingleses levados pela primeira vez ao teatro pela mão dos pais ou pela escola para ver *Sonho de uma noite de verão*. Ainda assim, talvez haja um encantamento que vem com a decisão de se buscar o saber. Eu fazia mestrado em Letras e, ao pesquisar sobre a peça de Tom Stoppard *Rosencrantz e Guildenstern estão mortos*, me rendi a *Hamlet*. (Talvez você nem se lembre quem são Rosencrantz e Guildenstern: são dois lordes insignificantes que engrossam cortejos, instrumentos servis do rei Cláudio para atingir o príncipe e a quem o herói da consciência despacha para a morte sem qualquer hesitação.) Eu investigava a influência de T. S. Eliot, Samuel Beckett e Shakespeare sobre a peça de Stoppard. E aconteceu comigo algo similar ao que ocorre ao protagonista do conto "A memória de Shakespeare", de Jorge Luis Borges: a presença de Shakespeare solapou a de todos os outros autores.

Passei a estudar Shakespeare. E, ao mergulhar naquele universo longínquo geográfica e historicamente, compreendi que precisava não apenas conhecer um pouco da época elisabetana, mas também os diferentes momentos históricos em que os personagens de Shakespeare viveram (e eles sempre vivem em dois tempos: o tempo da Inglaterra de Shakespeare e o tempo do enredo da peça). Como entender *Hamlet* sem compreender a diferença entre o mundo da vingança medieval e o humanismo renascentista, que obriga o herói a refletir sobre uma tarefa que lhe é imposta, mas que não coaduna com seus valores individuais? Como entender as peças históricas, gênero dramático praticamente inventado por Shakespeare, sem compreender a passagem do feudalismo da Idade Média, quando o homem sabe com certeza quem ele é, para o Renascimento e o mundo moderno, quando as identidades são apenas papéis temporários? Estudar Shakespeare foi, para mim, um abrir de amplas janelas para a história.

Entre o muito que a história pode ensinar, uma coisa me pareceu essencial para compreender o modo de Shakespeare de perceber e retratar o mundo: o momento da Reforma. Henrique VIII, um católico fervoroso (recebeu do papa o título de Grande Defensor da Fé), deu o pontapé inicial para a Reforma inglesa. A partir daí, tudo se tornou incerto para os súditos e os sucessores de Henrique. Voltaria a Inglaterra um dia a ser católica?

Talvez. Tivesse Mary I vivido mais tempo e tido filhos, hoje a Inglaterra seria católica. Tivesse o golpe de Mary Stuart tido sucesso, hoje a Inglaterra seria católica. Tivesse a própria Elizabeth se casado com um monarca católico, hoje a Inglaterra seria católica. Em suma, a Reforma inglesa foi um processo incerto e hesitante que manteve no horizonte a possibilidade de sempre retornar a Roma. E foi nesse solo de incertezas que floresceu Shakespeare.

Em um curtíssimo período de tempo, os ingleses tiveram de trocar de religião várias vezes — do protestantismo hesitante de Henrique VIII, para o protestantismo ferrenho de Eduardo VI, para o catolicismo sanguinário da Bloody Mary, para o protestantismo que *não desejava abrir janelas para as almas dos homens*, nas palavras da própria Elizabeth I. Essa constante alteração na política religiosa — pois era realmente uma política e não uma opção espiritual — levou a uma exacerbação das dúvidas e das perguntas e à necessidade de usar máscaras e interpretar papéis (exatamente, os temas que aparecem na dramaturgia de Shakespeare!). *Todo o mundo é um palco e os homens e mulheres, atores.*

Um autor que herda dúvidas, incertezas, perguntas só pode mesmo eleger o teatro, com suas múltiplas vozes, como forma artística. Só pode mesmo trabalhar com contrastes e comparações, ambiguidades e contradições, com peças-dentro-da-peça, misturando os mundos do alto e do baixo, do vulgar e do sublime, do cômico e do trágico, do sagrado e do profano. Nas peças de Shakespeare, temas e situações são espelhados em enredos e subenredos — são como variações sobre o mesmo tema, motivos que se repetem. Peças inteiras são construídas por meio de paralelos, contrastes e ecos. Todas as personagens têm naturezas mistas — nem inteiramente boas, nem inteiramente más, sempre ambíguas, múltiplas, mutantes.

Foi esse autor que mudou a minha vida. E se tornou meu tutor filosófico, e me reeduca.

Reeducação emocional I: a arte de conversar consigo mesmo

O que é tragédia senão um ato de morte?
(Thomas Kyd, *Soliman and Perseda*)

O diálogo da mente consigo mesma. Essa é uma boa definição do solilóquio shakespeariano. Um momento de introspecção, um mergulho para dentro. Por meio da reflexão interior de seus personagens, Shakespeare criou um novo tipo de consciência. Uma consciência capaz de mergulhar em si mesma, de cruzar obscuros labirintos e penetrar em recessos remotos, desnudando paixões e enfrentando fantasmas; uma consciência capaz de autorreflexão e de autoconhecimento, capaz, como escreve Harold Bloom, de se entreouvir. Com seis solilóquios que revelam seus diferentes estados de espírito, Hamlet se volta para os recessos do ser — James Shapiro observou que um mergulho tão profundo na interioridade é algo que nenhum dramaturgo havia conseguido até Shakespeare.

Ele está só — Ofélia foi proibida por seu pai de encontrá-lo, Gertrudes se casou com o cunhado, seus amigos de infância, Rosencrantz e Guildenstern, o traíram, apenas com Horácio ele tem um diálogo franco. Assim, ele necessita dos solilóquios: é quando dialoga consigo mesmo, seu eu com seus outros eus, mais profundos. São os solilóquios que permitem que Hamlet exercite o seu ser, em uma introspecção que transborda em uma consciência infinita sobre si mesmo, os outros e o mundo.

O interessante nos solilóquios de Hamlet é que eles não são feitos com ideias prontas e acabadas; ao contrário, eles são questionamentos. Isso fica ilustrado desde o primeiro solilóquio, quando Hamlet diz que o pai morreu *há dois meses só*, mas logo se corrige — *não, nem dois meses*, e, novamente, um pouco adiante, retifica a informação — *um mês apenas!* É um pensar dinâmico, um pensar em movimento.

Enlutado pela morte do pai, em meio a uma corte que festeja o casamento de sua mãe com o tio, o príncipe rejeita o mundo como um lugar corrompido, de *gestos vãos e inúteis*. Volta-se para os recessos do ser, mergulha em si mesmo, cruzando labirintos obscuros e enfrentando fantasmas. Introspectivo, instável, isolado, o príncipe *de cor noturna* continuamente faz perguntas — sobre si mesmo, o fantasma, o mundo à sua volta. O crítico Harry Levin intitulou seu livro sobre a peça de *The Question of Hamlet*. Outro crítico, Maynard Mack, disse que o *modus operandi* de *Hamlet* é o interrogativo. De fato, a peça se inicia com uma pergunta, "*Quem está aí?*", pergunta que aponta tanto para a identidade do Espectro (entre o mundo dos vivos e dos mortos), quanto para a identidade dos personagens e da própria plateia ou leitor — quem é Hamlet, quem somos nós? Perguntas que ressoam condensadas no último solilóquio do príncipe: *O que é um homem, se o seu grande bem / É dormir e comer? Um bruto, apenas.*

Victor Hugo disse de *Hamlet* que é "um drama saindo de um sepulcro aberto". Lily Bess Campbell viu a peça como um estudo sobre o luto. Stephen Greenblatt aproximou a peça do *kaddish*, a oração judaica pela morte do pai. Stanley Wells escreveu que "não é por acaso que a imagem mais familiar da peça é a de uma pessoa contemplando uma caveira. Se a peça tem um tema predominante, este é como as pessoas reagem à morte". A mais filosófica das peças de Shakespeare é não apenas infinita, mas um *poema ilimitado* sobre aquilo que nos limita.

Se na maioria das tragédias shakespearianas a morte está no desfecho, em *Hamlet* ela está presente desde a abertura: é a própria morte na forma de um Espectro que retorna *do país de onde ninguém retornou*. Quando Hamlet encontra o Fantasma, este lhe pede que vingue *o seu assassinato* e que não permita que o *leito real da Dinamarca* seja um lugar *de incesto e luxúria*. É um pedido de pai para filho, mas também um comando político de um rei para o príncipe que deveria ter herdado a coroa. Hamlet jura que *com asas rápidas* voará à vingança, mas é apenas na última cena da peça, quando já *não tem nem mais meia hora de vida*, que ele (tornado quase-fantasma, um morto-vivo) finalmente executa a vingança. Atestam a suprema arte de Shakespeare as últimas palavras do cambaleante príncipe, a um passo da morte: *Eu estou morto. […] O resto é silêncio*.

Dois poderosos emblemas da morte: um Fantasma, na abertura da peça; uma caveira, na cena do cemitério. Se o Espectro nos remete à incerteza sobre o que vem depois da morte, a caveira é a prova de que o corpo apodrece até a completa dissolução da matéria — *a quintessência do pó*, o pó que retorna ao pó: os restos de Júlio César e de Alexandre, o Grande, *se misturam ao barro da terra*, com a qual *se faz a argila, usada para selar um tonel*. A morte chega para todos, reis e bobos, príncipes e coveiros.

Para os coveiros, que fazem da morte seu mister, ela não é um fato solene e excepcional, mas faz parte de seu cotidiano: com *graça infinita*, eles bebem, cantam e conversam enquanto retiram ossadas da terra. Constatam que *os grandes deste mundo têm direito de se afogar ou de se enforcar mais do que qualquer outro cristão*, pois Ofélia, ao *buscar voluntariamente a salvação, afogando-se em sua própria defesa*, foi enterrada em cova cristã simplesmente porque era nobre. As diferenças e injustiças sociais nos acompanham pela vida afora e até no túmulo.

É a morte como parte da equação da vida que Hamlet abraça: se *a vida do homem dura um nada, o entreato* lhe pertence. O pressentimento de que morrerá no duelo contra Laertes não impede que o príncipe prossiga, indicando-nos que é necessário estarmos prontos para o movimento da vida, mesmo quando ela traz o fim:

> *Nós desafiamos o augúrio; há uma providência especial na queda de um pardal. Se tiver de ser agora, não está para vir; se não estiver para vir, será agora; e se não for agora, mesmo assim virá. O estar pronto é tudo: se ninguém conhece aquilo que aqui deixa, que importa deixá-lo um pouco antes? Seja o que for.*

A mesma atitude reaparecerá em *Rei Lear*, quando Edgar impelir seu pai a prosseguir: *É preciso partir dessa vida como se chega. Quando for a hora. Estar pronto é tudo.*

Vicariamente, as tragédias de Shakespeare nos permitem ensaiar a morte — a minha, a sua e a de todos nós.

Reeducação emocional II: tempos de pandemia

> *Viu, não somos só nós os infelizes:*
> *Este teatro amplo, universal,*
> *Apresenta espetáculos mais tristes*
> *Que a nossa cena.*
> (Shakespeare, *Como quiserem*)

Quem somos? Para onde caminhamos? Como lidar com o inesperado, quando nossos *olhos estão cheios de lágrimas, o coração de luto* (*2 Henrique VI*)? Os anos de 2020 e 2021 trouxeram ensinamentos. Diante do trágico, diante da morte, somos instados a parar e refletir sobre o tempo e a nossa própria mortalidade. A vida humana é precária. Caminhamos sobre um abismo. O pó é o destino inevitável de todos nós.

O isolamento social e o enfrentamento diário da morte — nos círculos familiares, de amigos, no trabalho — me levaram a revisitar as tragédias de Shakespeare para repensar a minha precariedade, o valor da vida, o andamento do mundo. Em um mundo saturado pelas redes sociais, não quero mais a ilusão de estar dialogando e conectada. Raramente nas mídias sociais há uma troca real e significativa de afetos e experiências. Ali é o espaço das máscaras, dos sorrisos, apenas um simulacro de convívio, uma bolha que se desfaz como as mesuras dos cortesãos de *Hamlet*. Sempre que perco tempo nas redes sociais lembro de uma frase de Ricardo II: *gastei o tempo e hoje o tempo me gasta*.

Quando, porém, a morte entra pelas janelas e portas de nossas vidas, quando deixa de ser mais um espetáculo na televisão, quando não é mais uma abstração, então precisamos encontrar algum significado e, talvez, até mesmo alguma beleza nela. Uma das passagens favoritas do presidente americano Abraham Lincoln, que, como Shakespeare, perdera um filho ainda criança, é o trecho em que uma mãe chora a morte de seu filho, em *Rei João*:

> *A dor toma o lugar do meu filho ausente,*
> *Entra em seu quarto, deita em seu leito, passeia comigo,*
> *Usa sua beleza, fala como ele, me faz lembrar de todos os seus gestos,*
> *Recheia suas vestimentas vazias com as formas dele... (...)*
> *Então, não tenho eu motivo para amar a dor?*
> *Ai! Meu menino, meu Artur, meu filho lindo!*
> *Minha vida, minha alegria, meu alimento, meu mundo inteiro!* (*Rei João*, minha tradução)

É uma imagem e tanto ver a Morte tomando as formas e repetindo os gestos do filho perdido. É uma morte que se pode amar.

Nossa vida é cercada de morte, o grande tabu de nossa sociedade. Freud escreveu que, no fundo, ninguém acredita na própria morte: cada um de nós está convencido da sua imortalidade. Morrer significa, em última instância, que o potencial humano não é infinito, que um dia nós sumiremos, *sem deixar rastro*. Sumirão nosso eu, nossas relações, nossos afetos. A morte absorve tudo. Diz Próspero, em *A tempestade*:

> *Nossa festa acabou. Nossos atores,*
> *Que eu avisei não serem mais que espíritos,*

Derreteram-se em ar, em puro ar;
E como a trama vã desta visão,
As torres e os palácios encantados,
Templos solenes, como o globo inteiro,
Sim, tudo o que ela envolve, vai sumir
Sem deixar rastros. Nós somos do estofo
De que se fazem sonhos; e esta vida
Encerra-se num sono. (*A tempestade*, trad. Barbara Heliodora)

Se na vida o sentimento trágico significa reconhecer nossa finitude, na literatura a tragédia nos ajuda a fazer as pazes com a impermanência: aceitar que não somos eternos, que a vulnerabilidade nos define: somos, afinal, *feitos do estofo de que se fazem os sonhos*.

Jonathan Bate escreveu que os gêneros literários são meios de estruturar a experiência e que a tragédia é o gênero literário que nos reconcilia com a morte. Na Grécia antiga, a tragédia retratava a impotência dos seres humanos diante do sofrimento, do destino, do desígnio dos deuses. No Renascimento de Shakespeare, os deuses e o destino cederam lugar ao ser humano, frágil e falível, digno, mas sempre derrotado pela morte.

Entre todas as tragédias de Shakespeare, *Rei Lear* é a que mais me comove. No início da peça, o poderoso monarca, com mais de oitenta anos, ocupa uma posição quase divina, de poder absoluto. Ele é a própria *imagem da autoridade*. Confiando que é a *autoridade*, e não simplesmente uma *imagem da autoridade*, Lear abdica do trono em prol das duas filhas mais velhas. Logo, será expulso de casa por elas e, sem ter um teto sobre sua cabeça, passará a vagar entre os desvalidos de seu reino, exposto às intempéries da natureza. Sua trajetória vai do poder absoluto à impotência, do luxo e da pompa da corte à miséria nua e sem abrigo da charneca. Perdidas a posição de poder, as vestes e pompas da majestade, ele experimentará o frio, o desespero, o desamparo que os "pobres desgraçados nus" de seu reino experimentam, descobrindo que o *homem não acomodado, esse pobre animal nu e dúbio*, somos, afinal, todos nós.

Reeducação emocional III: o espelho de Shakespeare

Não temas o calor do sol,
Tampouco a fúria do inverno.
Teu dever na Terra findou,
Aceita a paga e volta ao eterno. (*Cimbeline*)

Ler Shakespeare é para mim um caminho para chegar a outros autores. Afinal, foi no espelho de Shakespeare que Nietzsche, Dostoiévski, Freud e Machado de Assis (e tantos outros) se reconheceram.

Como estamos no Brasil, volto-me para Machado, grande leitor de Shakespeare. Marta de Senna, especialista machadiana, nos adverte que, para além das citações explícitas, Machado partilha de uma afinidade filosófica com Shakespeare, de uma mesma perspectiva sobre o mundo. Os dois pertencem a uma mesma "família literária, onde o pessimismo tem uma dimensão suprapessoal e se assenta numa consciência do caráter ilógico, insondável e absurdo da vida, do que há de penoso e difícil na existência humana; ambos têm uma suprema capacidade de perquirição da alma humana e de surpreender nos comportamentos sociais o que há de contraditório, mesquinho, pequeno, vil no homem". Shakespeare e Machado sabem que "o homem foi abandonado por uma divindade surda e indiferente" (Senna, p. 497), como sugere a frase de Gloucester em *Rei Lear*: *Nós somos para os deuses como moscas para meninos. Eles nos matam por divertimento.*

Meu aluno Henrique Ahrens, ao defender o seu trabalho de fim de curso de Letras em 2021, sugeriu que Bento Santiago, de *Dom Casmurro*, inicia sua narrativa com um comentário que, justamente por vir no início da obra, tem passado despercebido aos leitores:

O meu fim evidente era atar as duas pontas da vida, e restaurar na velhice a adolescência. Pois, senhor, não consegui recompor o que foi nem o que fui. Em tudo, se o rosto é igual, a fisionomia é diferente. Se só me faltassem os outros, vá; um homem consola-se mais ou menos das pessoas que perde; mas falto eu mesmo, e esta lacuna é tudo (ASSIS, 2008, p. 82).

Essa é a verdade lacônica de Casmurro, sustentou Henrique Ahrens: no fim da vida, Bentinho ecoa Macbeth na célebre passagem shakespeariana que diz que "*a vida é só uma sombra, um mau ator que grita e se debate e depois é esquecido*". Eu só pude concordar, apontando-lhe também uma outra passagem em que Macbeth avalia sua vida:

Eu já vivi bastante. A minha vida
Já murchou, como a flor esmaecida;
E tudo o que nos serve na velhice —
Honra, respeito, amor, muitos amigos —
Não posso ter. (*Macbeth*)

Bentinho, como Macbeth, fitou o vazio. Profundamente só, Bentinho não tinha mais Escobar, o melhor amigo, Capitu, a esposa, e o filho que amou por um instante e desejou aniquilar. Até mesmo a casa de sua infância, ele destruiu e, depois, tentou inutilmente reconstruir em um simulacro sem significado. Ao fim de sua jornada, Bento Santiago quis compreender seu passado, "*recompor o que foi e o que fui*". Mas, de modo profundamente trágico, concluiu: "*Falto eu mesmo, e esta lacuna é tudo.*"

Assim, Shakespeare me reconduz a Machado. Assim, a cada encontro, meus alunos da Universidade Federal do Paraná e do Solar do Rosário me transformam em permanente aprendiz, reavivando o apreço pela literatura. Assim, o convite do querido José Roberto me leva ao recolhimento, à reflexão sobre minha relação com os livros, com Shakespeare, com *Hamlet* e *Rei Lear*. Assim, Shakespeare tem me levado a encontrar pessoas: em nossa pequena comunidade de brasileiros que estuda e encena Shakespeare, ele é uma ponte que nos une.

Nesse momento de perdas, coletivas e individuais, esse convite amigo me ajudou a ressignificar o tempo e as memórias, tornando-me mais ciente do que fui e do que sou, e preparando-me para o amanhã.

AMADA,
DE TONI MORRISON,
POR LILIA SCHWARCZ

Há livros que dividem nossas vidas em duas partes: uma antes e uma depois. Foi assim que a escritora negra e norte-americana Toni Morrison e seu romance *Amada* entraram em minha vida; desestruturando moinhos (que eram de vento) e derrubando a certeza cômoda de que existiria apenas uma história "universal" — por suposto, branca e colonial.

Começo assim pelo início: o enredo mais básico do livro, complementado por belos trechos retirados da obra de Morrison. Mas deixo um alerta — não há qualquer perigo de essa resenha crítica "dar algum *spoiler*", pois um livro como esse não cabe em apenas uma descrição, a qual, aliás, envolve sempre uma seleção.

A obra de Morrison é toda ambientada no ano de 1873, momento em que os Estados Unidos começavam a lidar com suas feridas abertas pela Guerra Civil (1861–65) e pela sucessiva abolição da escravidão. O resultado da guerra procurou unificar um país profundamente dividido, a começar pela imposição do Norte liberal sobre o Sul agrário, e condicionado pela linguagem do sistema escravocrata. E é nesse contexto — em que nada parecia assegurado e o passado insistia em se apresentar no presente, borrando fronteiras fáceis — que encontramos Sethe. Ela é uma ex-escravizada que, terminado o evento bélico, num movimento de deslocamento tão comum às populações até então cativas e sem liberdade de locomoção, passou a circular pelo país à procura de um novo lar, de uma outra e nova história.

Sethe passou a viver, então, nos arredores de Cincinnati junto com a filha. Mudar de lugar era como começar a história outra vez; mais uma vez. Significava tentar esquecer os traumas, a experiência recente da violência intrínseca a um sistema que supõe a posse de uma pessoa por outra. Por isso as duas mulheres viviam bastante isoladas, tentando se reinventar a partir da nova realidade do país.

A maior parte do livro gira em torno da Casa 124, localizada na rua Bluestone, onde moram a mãe e sua filha Denver. Já a narrativa que cerca a morada, com alguns personagens entrando e saindo dela, é tomada pela ideia de amor e liberdade. Não por coincidência, a Casa 124 vira quase um protagonista na narrativa.

A Casa era também habitada pela sogra de Sethe, Baby Suggs, e por outros dois garotos mais velhos, filhos de Sethe. O marido, Halle, jamais conseguira chegar à moradia, nessa aventura que ia perdendo muitos pelo caminho.

Baby Suggs era uma pregadora negra que conclamava seus semelhantes a se amarem, para vencer o desamor que lhes devotava a sociedade branca. Mas a tarefa de elevação e de auto-orgulho era difícil, nesse país que desconhecia a humanidade para parte significativa de seus cidadãos. Cansada, depois de viver uma vida de fastígio, ela perde, porém, as suas forças. Assim a descreve Toni Morrison:

> ... o tom exaltado que ela [Baby Suggs] assumiu; sua recusa em perceber o efeito de cansaço numa mulher que ele acreditava ser uma montanha. Agora, tarde demais, ele a entendia. O coração que pulsara amor, a boca que falara a Palavra não contava. [...] Os homens brancos a tinham esgotado afinal" (pp. 241 e 242).

A Casa 124 logo mudaria de composição. Baby Suggs falece e os rapazes abandonam a Casa, deixando mãe e filha vivenciando uma série de episódios estranhos que por lá aconteciam: barulhos de correntes, movimentos invisíveis que tampouco o leitor consegue entender. Até que um belo dia aparece Paul D, um conhecido de Sethe ainda dos tempos de escravidão. E com sua chegada, e sua figura apaziguada, também as assombrações pareceram, momentaneamente, silenciadas. Por pouco tempo, a autora nos dá um respiro e nos permite imaginar que esse novo tempo redimiria o passado e traria um pouco de paz à pequena família de Sethe.

O precavido e sensível Paul D, experiente na vida, mas marcado pelos anos da escravidão, acostumara-se a não "amar alguma coisa tanto assim". Acostumado com uma vida que podia ser interrompida a qualquer momento — as famílias podiam ser separadas, maridos e mulheres divididos, comunidades dissolvidas —, Paul não se dava ao luxo de criar qualquer relacionamento duradouro. Conforme escreve a autora, "a melhor coisa, ele sabia, era amar só um pouquinho; tudo, só um pouquinho, de forma que quando se rompesse, ou fosse jogado no saco, bem, talvez sobrasse um pouquinho para a próxima vez" (p. 72).

E como o amor é o principal personagem da trama, o diálogo que se estabelece entre Sethe e Paul não poderia ser mais revelador. Ele a provoca dizendo que o amor que ela tinha para dar era "grosso demais". Já a mãe contesta seu novo companheiro explicando que "amor ralo não é amor" (p. 223).

A rotina ia sendo, assim, retomada, ganhando ares de normalidade, até a chegada de uma visitante inesperada, que forçará as protagonistas a reverem seus traumas, bem guardados e escondidos num canto perdido da memória.

Eis que aparece Amada, a filha morta de Sethe, obrigando a mãe a confrontar seu passado com o presente. Amada é um espírito vingativo e logo saberemos tratar-se do fantasma do bebê prematuramente morto de Sethe, que vem cobrar sua vida, seus direitos, e a própria memória oculta da Casa 124. "Vai doer agora [...]. Tudo que está morto dói para viver de novo" (p. 59), diz Amada, que vai se tornando, em sua fantasmagoria, mais real do que as pessoas reais.

Mas o terror que assombra a Casa 124 não é restrito a ela. Na verdade, ele atravessa toda uma sociedade que enraizou de tal maneira a escravidão, que fez dela, no passado e no presente, um lugar invisível. Por isso Amada volta para cobrar sua história e o legado pesado da escravidão.

Essa ordenação lógica da narrativa, de alguma maneira, disfarça e encobre a escrita potente de Toni Morrison. Dona de um estilo muito original, ela evita o ordenamento encadeado e cronológico da narrativa; lança mão de várias vozes paralelas; vai e retorna na história; passa mais de uma vez pelos temas mais espinhosos, até que o enredo siga seu percurso. Além do mais, a autora explora com maestria o fluxo e as ambiguidades de consciência dos protagonistas e a oralidade dessas populações envolvidas em redes de sociabilidade que dizem respeito às circunstâncias, à região e ao grupo racial a que pertencem. O resultado é uma narrativa que nada guarda de linear ou óbvia. Ao contrário, Morrison elabora uma complexa polifonia de vozes e vai levando pela mão o leitor, atônito, que a segue num desfecho que lembra a metáfora do horror. O horror criado e praticado pela própria humanidade.

A vida e a memória de Sethe baseiam-se na história de Margaret Garner — uma escravizada que, em fuga, acaba por matar seu bebê, pouco antes de ser capturada. Mas Sethe representa também um condensado de características das mães negras, as amas, secas e molhadas, que muitas vezes alimentavam seus pequenos senhores e senhoras em detrimento de seus próprios filhos, que iam para a roda dos expostos. Lembra também; a realidade das escravizadas seviciadas e violentadas por seus proprietários. Por fim, evoca a resistência das mulheres negras que sempre lutaram por manter suas famílias e seus filhos perto de si.

Toda a trama de *Amada* gira, de alguma maneira, em torno de liberdade, esse conceito tão difícil de conquistar, sobretudo durante a vigência do regime escravocrata, e ainda mais complicado de manter. Mas a narrativa centra-se numa liberdade mais específica: a liberdade e o direito de amar. Essas são atribuições humanas sob as quais não cabem travas e tampouco uma temporalidade precisa. Elas são nesse sentido universais.

Carlos Drummond de Andrade poetou que "toda história é remorso". Pois o livro tem muito de remorso, mas também de boa memória; nesse caso do direito à memória. Como escreve Morrison: "Algumas coisas vão embora. Passam. Algumas coisas ficam. Eu pensava que era minha rememória [...]. Algumas coisas você esquece. Outras coisas, não esquece nunca. Mas não é. Lugares, os lugares ainda estão lá. Se uma casa pega fogo, desaparece, mas o lugar — a imagem dela — fica, e não só na minha rememória, mas lá fora, no mundo. O que eu lembro é um quadro flutuando fora da minha cabeça. Quer dizer, mesmo que eu não pense, mesmo que eu morra, a imagem do que eu fiz, ou do que eu sabia, ou vi, ainda fica lá. Bem no lugar onde a coisa aconteceu" (p. 60).

Pois, pensado nesse sentido, *Amada* é um livro afro-atlântico uma vez que diz respeito à história norte-americana — onde a escravidão partiu o país em dois —, mas também às demais nações que fizeram uso da mão de obra escravizada. No Brasil, país que foi o último a abolir a escravidão mercantil, espalhou o sistema por todo o território e recebeu quase a metade dos africanos e africanas que foram obrigados a deixar seu continente, a história não poderia ser mais atual. Serve de sinal de alerta.

Amada é uma obra que lida, com grande sensibilidade, com as subjetividades negras e assim faz delas uma história universal, nas suas culturas, linguagens, tecnologias, religiões, filosofias, dores e alegrias. Diziam os gregos que o silêncio é irmão da morte. Por isso mesmo, relatar traumas, compartilhar desassossegos é uma forma de cuidado e de cura.

Claro que arte não é só reflexo do contexto imediato ou adaptação de uma história previamente conhecida. Ao contrário, e como diz a antropóloga Manuela Carneiro da Cunha, cultura é reflexibilidade; "é o que ela faz" — não só reproduz, mas produz valores, modelos e formas de compreensão. A força de *Amada* não está por certo, exclusivamente, no apelo que traz à história. Ela está presente na engenhosidade da trama, no concerto de vozes, no anacronismo essencial, na sensibilidade que transborda e na narrativa que diz respeito a toda a modernidade social.

Nada mais significativo do que o título do romance: *Beloved/ Amada*. A despeito de morta pela própria mãe, como uma Medeia africana, Sethe mata sua filha para salvá-la da escravidão e preservá-la livre e na sua memória para sempre.

Foi Frantz Fanon quem chamou a atenção para as duas mortes das pessoas negras: a física e aquela da memória. *Amada é um tributo ao direito à memória; essa, sim, um valor universal.*

Nota: Toni Morrison, que em 1988 ganhou, por causa de *Amada*, o Prêmio Pulitzer, teve uma voz bastante única num cenário literário ainda tão marcado pelo predomínio masculino, branco e europeu ou no máximo norte-americano. Ela foi também a primeira escritora negra a receber o Nobel, no ano de 1993.

O EU PROFUNDO E OS OUTROS EUS, DE FERNANDO PESSOA, POR LUÍS ROBERTO BARROSO

Foi em algum momento do final da adolescência. Os anos 1970 do século XX caminhavam para a metade. Caiu-me nas mãos, não lembro bem vindo de onde, um disco de Maria Bethânia. Salvo engano, chamava-se *Drama*, no qual a grande cantora baiana recitava Fernando Pessoa. Voz poderosa, carismática, cheia de personalidade. Devo a Bethânia a descoberta de Pessoa. Talvez da poesia. Havia lido Manuel Bandeira antes, que era o preferido de meu pai. Mas sem emoção suficiente. Só vim a apreciá-lo mais adiante na vida.

Fui a uma livraria e comprei o meu primeiro Fernando Pessoa: *O eu profundo e os outros eus*, da Companhia José Aguilar Editora, publicado em 1972. Acho que foi ali que descobri o mundo das palavras, do ritmo, dos significados profundos. Tudo me parecia original e arrebatador. Fernando Pessoa escrevia sob diversos nomes (heterônimos), com personalidades e estilos diversos. Na explicação dele próprio:

Por qualquer motivo temperamental que me não proponho analisar, nem importa que analise, construí dentro de mim várias personagens distintas entre si e de mim, personagens essas a que atribuí poemas vários que não são como eu, (e que) nos meus sentimentos e ideias (não) escreveria.

Logo no início do livro, na parte em que o autor se apresenta como Fernando Pessoa ele mesmo, deparei com a estrofe impactante:

Os Deuses vendem quando dão.
Compra-se a glória com a desgraça.
Ai dos felizes porque são
Só o que passa!

Pouco à frente, na descrição de reis e navegadores que fizeram a glória marítima de Portugal, escreveu com fatalismo:

Firme em minha tristeza, tal vivi.
Cumpri contra o destino o meu dever.
Inutilmente? Não, porque o cumpri.

E assim segue, de personagem em personagem — D. João, D. Sebastião, Fernão de Magalhães e Vasco da Gama, em meio a muitos —, até chegar ao antológico "Mar portuguez":

Ó Mar Salgado, quanto do teu sal
São lágrimas de Portugal!
Por te cruzarmos, quantas mães choraram,
Quantos filhos em vão rezaram!
Quantas noivas ficaram por casar
Para que fosses nosso, ó mar!

Valeu a pena? Tudo vale a pena
Se a alma não é pequena.
Quem quere passar além do Bojador
Tem que passar além da dor.
Deus ao mar o perigo e o abismo deu,
Mas nele é que espelhou o céu.

A beleza das imagens, a sonoridade das palavras e a sutileza das formas desafiavam o leitor a sair do lugar-comum. A grandeza dos versos de Fernando Pessoa era quase opressiva para quem pretendesse iniciar-se na poesia. Porém, mais que tudo, ela era inspiradora: convocava cada um a ser o melhor que pudesse ser, com coragem e verdade. Nas palavras de Ricardo Reis, uma das muitas versões dele mesmo:

> *Para ser grande, sê inteiro: nada*
> *Teu exagera ou exclui.*
> *Sê todo em cada coisa. Põe quanto és*
> *No mínimo que fazes.*
> *Assim em cada lago a lua toda*
> *Brilha, porque alta vive.*

Capturado pela força gravitacional de Pessoa, arrisquei-me na poesia naquele início da idade adulta. Foi um dos meus fascínios na vida, abatido ao longo dos anos por uma autocrítica redentora. A poesia e a música popular foram duas paixões da minha primeira juventude. Não fui correspondido e com suave resignação escolhi outros caminhos. Não terei sido o primeiro jovem poeta ou letrista que ficou pelo caminho. Um bom consolo:

> *O poeta é um fingidor.*
> *Finge tão completamente*
> *Que chega a fingir que é dor*
> *A dor que deveras sente.*

Mas ainda hoje, e com frequência, vou à estante resgatar a minha cópia desse livro que marcou minha vida. A encadernação já está meio sofrida e as páginas amareladas. Mas as marcações que fiz a lápis na primeira leitura estão lá, resistindo ao tempo e guardando memórias. Marquei ao longo do texto, com seta ou sublinhado, as frases ou versos que me impactaram. Destaco algumas aqui:

*Porque eu sou do tamanho do que vejo
E não do tamanho da minha altura...*

*E quando se vai morrer, lembrar-se que o dia morre,
E que o poente é belo e é bela a noite que fica...
Assim é e assim seja...*

Não concordo comigo, mas absolvo-me.

O soldado que morre pela pátria sem saber o que é pátria.

E há em cada canto da minha alma um altar a um deus diferente.

Ou mais este:

*Mais vale o voo da ave, que passa e não deixa rastro,
Que a passagem do animal que fica marcada no chão.
A ave passa e esquece, e assim deve ser.
O animal, onde já não está e por isso de nada serve,
Mostra que já esteve, o que não serve para nada.*

Ao me tornar presidente do Tribunal Superior Eleitoral, precisei abrir uma conta no Twitter. Uso-a para mensagens institucionais ou acadêmicas. Com uma exceção: toda sexta-feira, no final do dia, faço recomendação de um livro, de uma música e de uma poesia. No meu tuíte inaugural, em abril de 2020, a poesia selecionada foi extraída desse livro. Talvez seja minha favorita entre todas. Ela mostra que beleza e importância são conceitos relativos na vida. Confira-se a grandeza modesta do rio da minha aldeia, pela voz de Alberto Caeiro:

*O Tejo é mais belo que o rio que corre pela minha aldeia,
Mas o Tejo não é mais belo que o rio que corre pela minha aldeia
Porque o Tejo não é o rio que corre pela minha aldeia.*

O Tejo tem grande navios
E navega nele ainda,
Para aqueles que veem em tudo o que lá não está,
A memória das naus.

O Tejo desce de Espanha
E o Tejo entra no mar em Portugal.
Toda a gente sabe isso.
Mas poucos sabem qual é o rio da minha aldeia
E para onde ele vai
E donde ele vem.
E por isso, porque pertence a menos gente,
É mais livre e maior o rio da minha aldeia.

Pelo Tejo vai-se para o Mundo.
Para além do Tejo há a América
E a fortuna daqueles que a encontram.
Ninguém nunca pensou no que há para além
Do rio da minha aldeia.

O rio da minha aldeia não faz pensar em nada.
Quem está ao pé dele está só ao pé dele.

Passaram-se mais de quarenta anos desde quando deparei com a poesia de Fernando Pessoa pela primeira vez. De lá para cá, li de tudo. Rodei o mundo. Debati-me com outros idiomas. Mas guardei na memória e no coração sua linda declaração de amor e lealdade, que jamais deixei de compartilhar:

Minha pátria é a língua portuguesa.

O MANIFESTO COMUNISTA,
DE KARL MARX E FRIEDRICH ENGELS,
POR MARCELO MADUREIRA

Reza a lenda familiar: anos 1960, estado do Paraná, eleições para governador do estado. Disputa entre o senador Nelson Maculan e o então prefeito de Curitiba, Ney Braga, a quem meu pai apoiou a vida inteira. Comício eleitoral, logo após o discurso do candidato, comigo no colo, meu pai se aproximava do microfone e perguntava:

— Marcelo, o Nelson Maculan o que é?

No que eu respondia de bate-pronto:

— Bunda suja!

A multidão vinha abaixo, era consagrador. Tomei gosto e creio que foi aí que tudo começou. O político e o humorista.

Nasci numa família politizada. À direita, meu tio Celso Saboia, deputado federal pela Arena, o partido da ditadura militar. Na outra ponta, meu tio Domar Campos, economista e militante do PCB, o Partido Comunista Brasileiro. Nas minhas mais enevoadas lembranças da infância, estou no colo do pai, fumaça de cigarro, cheiro de uísque e acalorados debates políticos.

Meu pai, seu Mauro, autoritário e rigoroso na educação dos filhos e no exercício profissional, era um democrata de raiz. Revoltado com o golpe de 1964, chamava os militares de "gorilas".

Foi entre essas figuras que foi se forjando meu caráter político. Muita discussão, debates acalorados em que só valiam a argumentação e o exercício da retórica. Não havia um inimigo a ser obliterado. Havia o adversário no campo das ideias e, no fundo e no raso, todos nós queríamos bem e o melhor para o Brasil. Bons tempos.

Lembro com carinho as minhas intermináveis discussões com o tio Celso sobre a Guerra do Vietnã e a política de Richard Nixon e Henry Kissinger, ele a favor e eu contra. Recordo meu tio Domar, escondido em nossa casa depois do golpe, me explicando o socialismo soviético através das ovas do esturjão, o peixe que produz o caviar.

Viemos para o Rio de Janeiro. Se tivesse continuado no Paraná, terra onde nasci, teria sido governador do estado. Não tenham a menor dúvida disso. Mas a história quis que fosse diferente.

Filho, neto e bisneto de professoras, desde a escola primária era o primeiro da turma, líder do "pelotão da bandeira", também era o escolhido pelos meus colleguinhas como representante de turma. Talvez por ser filho de professora, eles achavam que eu faria *lobby* em favor dos interesses da turma. Coisas da política.

Passei no difícil concurso para o Colégio de Aplicação da UFRJ, na Lagoa. Um colégio experimental, com excelente nível de ensino, poucos alunos, ótimos professores e muito, muito politizado. Logo no primeiro recreio, por conta de minhas opiniões na aula de geografia, um colega de classe veio me perguntar se eu era maoísta. Nós tínhamos uns 14 anos de idade.

A partir do Aplicação, se deu a minha aproximação com o PCB, o famoso Partidão, justamente no fatídico ano de 1975, quando todos os membros do Comitê Central que estavam no Brasil foram assassinados pela repressão.

Naqueles tempos da Guerra Fria, era muito fácil identificar quem era o mocinho e quem era o bandido, mas, talvez por não acreditar na violência como política (na verdade acho que era medo mesmo), fui devidamente recrutado pelos colegas com os quais tinha maior afinidade e que, por acaso, já eram militantes do PCB...

Nunca acreditei que modelos revolucionários baseados em ações de guerrilha, foquismo ou terrorismo fossem o caminho para a revolução brasileira. Mesmo porque o inimigo era muito mais armado e organizado. O que me interessava era recuperar o regime democrático e reformar as instituições por dentro, assim meio *à la* Gramsci.

Por isso mesmo, devo dizer que *O manifesto comunista*, de Karl Marx e Friederich Engels foi o livro que mudou a minha vida, para pior e para melhor. Aliás, como tudo neste mundo, depende do modo de ver as coisas.

Ainda tenho guardada a edição de bolso, em inglês, com prefácio do historiador A. J. P. Taylor, cheia de anotações. Eu já era "metido" naquela época. Sem duplo sentido, por favor.

Dediquei os melhores anos da minha juventude à política, à luta pela democracia, pela justiça, contra a miséria, a ignorância e o atraso. Sacrifiquei amores e planos, como, por exemplo, estudar na London School of Economics.

Muito bonita essa minha profissão de fé e, passados todos esses anos, percebo que não me arrependo.

O manifesto comunista é representativo de toda a literatura marxista que li, a começar pelo abominável *História da riqueza do homem*, de Leo Huberman, até os extraordinários Kautsky e Eduard Bernstein, que denunciaram com muita antecedência o autoritarismo leninista.

Fundado por Astrogildo Pereira, intelectual e crítico literário, o PCB, com toda a sua ortodoxia, era rigoroso no comportamento da sua juventude. O militante tinha de ser bom aluno na escola, conduzir as atividades do grêmio estudantil e ainda arrumar tempo para todas as atividades partidárias, principalmente ler e discutir toda a biblioteca marxista indicada pelo PCUS. Fumar maconha nem pensar. Nos anos 1980, com a *Perestroika*, a maconha foi liberada, e a rapaziada do Partidão fumou um Ceará inteiro de marofa em poucos meses.

Dialeticamente, essa intensa atividade intelectual trazia dentro de si uma contradição: o vírus do questionamento, da dúvida e da crítica permanente, que acabou por destruir o criador, deu vida às criaturas. Ainda bem.

O PCB foi a melhor escola de quadros políticos que o Brasil já teve. É só olhar em volta para constatar que muitas das mais brilhantes cabeças brasileiras no mínimo gravitaram na órbita do Partidão.

Eram os que chamávamos de "círculos", simpatizantes que apoiavam a "linha política do partido".

No Partidão conheci gente generosa, inteligente, combativa, verdadeiros idealistas, democratas, amigos de toda a vida. Por outro lado, também convivi com velhacos, oportunistas, carreiristas, dedos-duros, estalinistas, desonestos e o escambau.

Tive medo, passei sufoco, dormi no chão, comi banana com rapadura, senti raiva, perdi, ganhei, chorei e me diverti. E, claro, também não comi ninguém.

Militar numa organização clandestina de esquerda nos anos 1970 e 1980 não era bolinho. A repressão era pesada e se infiltrava nas organizações populares. Havia tortura, sequestros, assassinatos. A coisa era peluda.

A militância política no ressurgimento do movimento estudantil ao longo desses anos foi uma experiência muito valiosa, principalmente a convivência com militantes de outras organizações, como o MR-8, a Libelu, a Polop e outras menores, em que aprendi como se faz o varejo da política em reuniões intermináveis.

Participei ativamente de grandes movimentos populares, como as campanhas pela Anistia, ampla, geral e irrestrita, na luta pela Constituinte e Diretas Já!

Atuei como diretor do Centro Acadêmico da Engenharia e do DCE da UFRJ e até como representante dos funcionários no BNDES. Mas chega, isso já está parecendo currículo de campanha eleitoral.

A fila anda e a roda da História gira. Uma outra leitura veio então provocar nova guinada no meu pensamento político. O texto *A democracia como valor universal*, de Carlos Nelson Coutinho, foi uma espécie de revelação. Tive inclusive a oportunidade de debater seu conteúdo com ele e Leandro Konder, esses dois grandes filósofos. Um privilégio.

Me descobri não um comunista, mas um social-democrata. A grande lição do século XX foi a de que nenhum regime autoritário funciona, nem de direita nem de esquerda. Neste momento, defendo uma sociedade liberal com justiça social, se é que isso é possível.

Na verdade, acredito que, em tempos de pandemia, o grande desafio da humanidade é descobrir em que tipo de organização social nós queremos viver. Taí uma bela razão para continuar lendo, estudando e refletindo sobre as coisas, a nossa história e as nossas circunstâncias.

E tenho dito.

O QUE É ISSO, COMPANHEIRO?, DE FERNANDO GABEIRA, POR MARCELO TRINDADE

Não me lembro o que dizia a manchete da *Hora do Povo*. Haveria com certeza algum ataque à ditadura, com tom sensacionalista inspirado nos jornais populares. Esse era o estilo do jornal, veículo oficial do Movimento Revolucionário 8 de Outubro, que integrara a luta armada e era agora ligado ao Partido Comunista Brasileiro. Naquela manhã, pregada toscamente com tachinhas no quadro de aviso sobre os bebedouros, a primeira página atraía a curiosidade dos alunos, e o sorriso cúmplice da maioria dos professores do Colégio São Fernando.

Em abril daquele 1980, duas bombas haviam explodido na sede do jornal. Desde então, alguns dos meus colegas politizados passaram a repetir a travessura, mais ou menos uma vez por semana. Chegavam às redondezas do colégio ainda de madrugada, bem antes de as aulas começarem, pulavam o muro — que no sopé do morro ao fundo do terreno era mais baixo —, seguiam rente à divisa, passando pela quadra de vôlei, pelo trepa-trepa e pela gangorra, e subiam ao nosso andar, o quarto e último, para fixar no mural forrado de feltro as provocações ao General João Figueiredo ou a alguém de seu governo. As letras maiúsculas em tinta vermelha ficavam por ali até que chegasse a coordenadora e as mandasse tirar ou arrancasse ela mesma.

Em geral eu sabia antes da ação, porque um dos amigos me avisava. Tentava chegar mais cedo, para testemunhar a coragem dos colegas.

O ônibus fazia em velocidade a curva final da rua Voluntários da Pátria, o que bastava para me despertar do cochilo. Saltava na Praia de Botafogo, na altura da Igreja da Imaculada Conceição. Quanto mais cedo passava por ali, maior era a correria dos mendigos escapando do "rapa", correndo sonolentos para os lados do Palácio Guanabara.

Tempos estranhos. Mendigar e vadiar eram contravenções penais — aliás, vadiar ainda é, embora ninguém mais seja preso por isso. Naqueles dias, se você era maior de idade, pobre e sem carteira de trabalho assinada, tinha grande risco de ir em cana por vadiagem, caso um policial militar não fosse com sua cara. Para os mais ricos, o medo era das famosas *blitze* da Polícia Militar. Os carros, especialmente com motoristas jovens, eram parados e vasculhados em busca de drogas — muitas vezes plantadas pelos próprios agentes, atrás da propina paga pelos pais. O poder policial, durante uma ditadura, é abusivo por definição, e a corrupção já corria solta.

Em agosto de 1980, as mesmas células militares de resistência à abertura política, que haviam lançado as bombas na sede da *Hora do Povo*, mataram a secretária do presidente da OAB, Lyda Monteiro da Silva, com uma carta-bomba dirigida ao seu escritório no centro do Rio de Janeiro. E em maio do ano seguinte a mesma camarilha explodiria as bombas do Riocentro, vitimando os autores do atentado e mostrando outra vez as garras da linha dura contra a distensão.

O enterro de dona Lyda foi a primeira passeata de que participei. E a única até a das Diretas Já, quatro anos depois. A caminhada foi emocionante. Eu e outros alunos juntamo-nos à multidão na Praia de Botafogo, em frente ao Colégio Andrews, rumo ao cemitério São João Batista. O clima era de comoção. Vez ou outra ouviam-se palavras de ordem, puxadas pelos diversos grupos políticos que ali estavam. Uns cantavam "o povo unido jamais será vencido", enquanto outros preferiam o "trabalhador unido". De repente vinha um "greve geral derruba o general". Mas, àquela altura, ninguém mais gritava, ou acreditava, que "só a luta armada derruba a ditadura".

***

Minha melhor lembrança do percurso diário a caminho do Colégio São Fernando é a da grande vitrine da Livraria José Olympio, na rua Marquês de Olinda. Ali comprava quase tudo o que lia — fora os livros presenteados e os que chegavam em casa pelo Círculo do Livro.

Foi naquele segundo semestre de 1980 que comprei e li *Os carbonários*, de Alfredo Sirkis. Eu cursava o 2.º ano do 2.º grau — atual ensino médio. Não era ativo politicamente como meus colegas da estripulia matinal, que chamavam o MR-8 de 8 e o PCB de Partidão. Eu invejava sua coragem e a intimidade com aquelas siglas. Nascido com a ditadura em 1964, tinha quase 16 anos de idade. Estava ansioso pela prometida redemocratização.

No meu colégio de classe média, todos os que tínhamos um mínimo interesse por política nos considerávamos de esquerda. Para nossa geração, criada na ditadura, ser de esquerda e ser de oposição eram a mesma coisa. Pela mesma razão, muitos dos que lemos o livro de Sirkis nos identificamos com ele. Um secundarista que trocou a foto de Kennedy pela de Che Guevara na parede do quarto e, pouco depois, lançou-se à luta armada, deixando tudo para trás. Até o exílio em países que eu sonhava conhecer — Argentina, Chile e, prazer supremo, França — me dava uma inveja juvenil. Nunca deixei de admirá-lo e senti muitíssimo sua morte, quarenta anos depois. Um fim estúpido, que sua vida não merecia.

Mais ou menos ao mesmo tempo eu lera também *Um homem*, da jornalista italiana Oriana Fallaci. Ela narrava a história de Alexandros Panagoulis, que combatera a ditadura grega entre 1967 e 1974. Fallaci e Panagoulis se apaixonaram quando ele foi exilado em Florença. Era um livro romântico e me ajudou a cometer as poesias que dedicava às minhas paixões colegiais.

Mas nenhum daqueles livros, nem tantos outros que eu devorava então — do delicioso *Subterrâneos do futebol*, de João Saldanha, ao chatíssimo *Textos políticos e sociais*, do Che, passando por *Memórias do cárcere*, de Graciliano Ramos, e tudo de Jorge Amado, Vinícius e Drummond — mudou minha vida. Vasculhando a memória em busca do livro ao mesmo tempo essencial e simbólico que eu deveria homenagear, não demorei a pensar em *O que é isso, companheiro?*, de Fernando Gabeira, que só li no ano seguinte, último da escola, e transformou minha percepção política juvenil.

Para ser honesto, o livro de Gabeira foi além. Sua leitura contribuiu para minha decisão de ser jornalista, como ele, e não advogado, como meu pai. Não porque o livro atribuísse especial *glamour* à profissão. Ao contrário. Gabeira falava das dificuldades da rotina profissional. Mas tratava o jornalismo como a profissão de um intelectual, e eu queria muito ser um deles. Não fosse aquela escolha no vestibular, eu não teria visto, logo no primeiro ano na faculdade de comunicação, que não dava para a coisa. Provavelmente teria carregado pela vida o remorso da suposta vocação frustrada, em vez de seguir conformado o caminho que eu julgava medíocre, do direito, que terminou por me realizar.

Essa contribuição acidental não foi, contudo, a razão pela qual elegi *O que é isso, companheiro?*. O momento em que o li era único para um secundarista como eu. Músicas censuradas eram liberadas. "Tanto mar", de Chico. "Cálice", de Chico e Gil. A Lei da Anistia fora aprovada em 1979 e o bipartidarismo acabaria em breve. Em dois anos haveria eleições diretas para governadores dos estados pela primeira vez desde 1965. E foi *O que é isso, companheiro?* que me fez perceber que eu sonhava com a democracia, e não com o socialismo.

Gabeira desmontou minha confusão sem causar desalento. O respeito e o carinho pelos colegas de militância e guerrilha eram evidentes. Mas não impediam as reflexões do narrador. O socialismo era criticado sem rancor nem doutrinação. Lênin no La Coupole, em Paris, discutindo o hipotético fracasso da revolução russa, e pondo a culpa na social-democracia. A constatação, inspirada em Caio Prado Júnior, de que as propostas socialistas para a questão agrária ignoravam a história e a realidade brasileira. A ilusão de uma revolução sem povo, feita por grupos armados. Os informes que sempre começavam dizendo que o capitalismo estava prestes a ruir e o socialismo a prevalecer, alegadamente confirmando as previsões, quando tudo indicava o contrário.

Minha geração já não tinha ilusões quanto à União Soviética. Mas Cuba ainda nos atraía. Um pouco por falta de opção, um pouco pelo elogio de nossos ídolos, achávamos que o socialismo da ilha era uma alternativa libertária, mesmo tratando-se de uma ditadura como aquela de que queríamos nos livrar. E então Gabeira falava sobre o "potencial conservador da esquerda", o "embrião de uma política cultural", e "uma estrutura política" que "fatalmente, em caso de chegar ao poder, entraria em conflito com os intelectuais". Eu tinha um professor socialista que proibia o filho de assistir à televisão. Para Gabeira, a TV parecia "um avanço no nível material de vida dos trabalhadores". E avisava que o "realismo socialista" faria os trabalhadores perceberem "a revolução como o seu contrário".

Não foi só por seu livro que Gabeira me tocou. Ele aparecia na televisão e dava entrevistas aos jornais como símbolo de um novo tempo. Falava de igualdade entre os sexos, de machismo, de drogas e de ecologia. E, no livro, falava de travestis, "presos, apenas, porque eram homossexuais pobres", exibidos pelos policiais com seios desenvolvidos "à custa de hormônios", diante dos quais ele assumia ter ficado "indignado com um olho" e observado "curiosamente com o outro".

A atitude de Gabeira completava sua obra, desmistificando muita coisa e mostrando os novos desafios que precisávamos de fato enfrentar. Continuei a me considerar de esquerda nos anos que seguiram, porque isso era ser de oposição. Mas já sabia que não era o socialismo o que eu buscava. Virei social-democrata e só muito tempo depois me converti ao liberalismo. Não tenho dúvida de que aquela lanterna, em 1981, começou a me mostrar por onde deveria caminhar.

***

O enorme desejo de liberdade que tínhamos no começo da década de 1980 afinal realizou-se, mas foi sendo ferido pouco a pouco. A derrota das Diretas Já. A morte de Tancredo. Uma Constituição cidadã nas liberdades, mas que se revelou ineficiente na economia e protetora dos privilégios de todas as corporações. O *impeachment* do primeiro presidente eleito pelo voto direto.

Quando finalmente parecíamos ter chegado ao futuro e à estabilidade democrática, com Fernando Henrique Cardoso e com o primeiro governo de Lula, colhendo os frutos de doze anos de responsabilidade e de transformações estruturais, o sonho foi esmaecendo pouco a pouco, minado pelo ódio a quem veio antes, pelo apego ao poder e por sucessivos erros e escândalos, em todos os níveis da federação. O sistema político substituiu o interesse público por seu próprio interesse. O objetivo da reeleição, com o encurtamento do mandato, foi se apoderando mais e mais da pauta dos eleitos. Agendas corporativistas e as de piratas privados passaram a conduzir o país.

Depois de tanta luta e de tanta dor, cá estamos nós, tateando de novo o fundo do poço. Não é trivial, para quem viveu aqueles tempos, observar o triunfo do elogio à tortura e o saudosismo dos tempos de governo militar. Quarenta anos depois de ler *O que isso, companheiro?*, há dias em que me sinto empurrado à força de volta a 1981, ou ainda mais para trás, como se lá estivesse o pote de ouro.

No final da década de 1980, recém-formado, advoguei para Carlos Minc e Fernando Gabeira, numa ação em que apontávamos os desmandos na operação da Usina Nuclear de Angra I. Por ordem judicial, fizemos uma vistoria à usina. A direção de Angra I não sabia bem o que fazer com os rejeitos radioativos de sua atividade. Outro dia, vendo a televisão, descobri que até hoje não sabe.

Nessa hora de desalento e frustração, é bom reler *O que é isso, companheiro?* para refletir sobre os verdadeiros desafios do futuro e lembrar que o passado, se pode muito ensinar, nada tem a prometer.

A MONTANHA MÁGICA, DE THOMAS MANN, POR MARGARETH DALCOLMO

Da peste branca, do tempo, e da melancolia: a tísica em Thomas Mann

Jeovah te ferirá de tísica e de febre, de inflamação e de calor ardente...
Deuteronômio
Cap. 28, versículo 22

Momento especialíssimo de minha vida escrever sobre essa obra quase centenária e tão seminal para mim. Resgate de memória, e novo mergulho, com o olhar marcado após um ano e meio de conhecer a Covid-19 no planeta e, em particular, no Brasil, epicentro da pandemia no momento. Minha geração vive a primeira epidemia inteiramente digital, muito diversa das guerras e conflitos *online* dos últimos vinte anos. Lembramo-nos de dezembro de 2019, com nostalgia, e a ele nos reportamos como se fosse uma outra era, tamanho o efeito modificador da pandemia em nossas vidas.

Por que, nesse contexto, *A montanha mágica*?

A chegada às enfermarias da Santa Casa de Misericórdia em Vitória, Espírito Santo, linda construção do início do século XVII, como são as Santas Casas no Brasil, foi muito marcante para mim. Hospitais foram definidos pelos portugueses como locais de cura e morte, monásticos em sua origem, lazaretos, albergues, até os denominados hospitais reais. Como se denominaram originalmente em Portugal, as Misericórdias se traduziram no desenvolvimento de uma rede hospitalar próxima da moderna, gerida por não clérigos, mais eficiente e empreendedora. É muito lamentável que algumas delas no Brasil tenham evoluído para um modelo decadente e ineficiente, esvaziando a alma da misericórdia inclusive.

O terceiro ano da graduação de medicina e o início da vivência cotidiana com pacientes, *rounds* clínicos, e a descoberta de cada especialidade, no rodízio previsto pela grade curricular, me fizeram pedir o retorno para a ala da pneumologia já no quarto ano, para os plantões regulares. O chefe da cadeira, Prof. José Luiz Loureiro Martins, era pessoa de grande sensibilidade e conversava comigo sobre meu encantamento com a leitura de *A montanha mágica*. Em exagerada comparação, posso dizer que das sacadas da enfermaria, olhando a ladeira do hospital, eu imaginava o olhar melancólico dos internados por longo tempo no Sanatório de Berghof, local onde se passa o romance.

Gênese

Estudos genômicos recentes, em esqueletos e múmias originárias do Vale dos Reis, no Egito, e posteriormente da região Andina, revelam que a tuberculose, uma doença infectocontagiosa, causada por uma bactéria (*Mycobacterium tuberculosis*) e transmitida de pessoa a pessoa, acompanha o homem há milênios, e já existia antes da chegada espanhola às Américas.

A transmissão e propagação da doença, no sentido de peste, fora controvérsia secular, uma vez que a doutrina hipocrática da hereditariedade operou como dogma por muito tempo. Apenas em 1865, Antoine Villlemin, grande conhecedor dos trabalhos de Pasteur, demonstrou sua transmissibilidade inoculando material de animais doentes em sadios. Robert Koch, no Instituto Pasteur em 1882, identificou seu agente causal, o *Mycobacterium tuberculosis*, conhecido até os nossos dias como bacilo de Koch.

A chamada Peste Branca, ou a velha tísica, entre tantos nomes que toma ao longo da história, sabidamente acompanha o homem há milênios. Descrições abundam na literatura médica e nos romances. O grande Ibn Sina, o Avicena (980–1037), considerou a doença sindromicamente, como Hipócrates já o fizera, como moléstia disseminada, e a descreveu em estágios como o pré-inflamatório, o ulcerativo e o cavernoso... O "médico dos médicos" foi retratado no best-seller *O físico*, de Noah Gordon, e em filme de Phillipp Stölzl, com magistral interpretação de Ben Kingsley.

Cantado, declamado, escrito em prosa e verso, o quadro de sintomas como febre, tosse, emagrecimento, dispneia e hemoptise, por sua cronicidade, inspirou a criação humana nos mais variados domínios. A enumeração de intelectuais, artistas, poetas e criadores que foram consumidos pelo bacilo de Koch encheria páginas de citações.

A vasta lista de políticos, atravessando séculos, inclui Simón Bolívar, que passou grande parte da vida apresentando sinais e sintomas e faleceu de tuberculose. Bolívar vivera com e morrera de tuberculose, o que foi provado pelos estudos em seus ossos exumados, por determinação do presidente da Venezuela, Hugo Chávez. António Salazar, Immanuel Kant, Baruch Spinoza, Alexander Kerensky, entre outros, foram igualmente portadores da doença.

Nelson Mandela e Desmond Tutu, ambos vítimas da tuberculose, o primeiro pelas condições insalubres da prisão, e o segundo em sua juventude, em país de alta prevalência da doença, a África do Sul. São arautos da luta contra a doença, desde o advento da pandemia do vírus HIV e aids. De par com sua contribuição na luta contra o *apartheid*, que lhes valeu o Prêmio Nobel da Paz, seu compromisso combativo pelo acesso aos tratamentos lhes faria merecer um outro.

Nem a corte portuguesa fora indene à doença. Dom Pedro I (IV de Portugal) morria no palácio de Queluz, onde nascera, em 1834 dizimado pela doença. As dificuldades passadas nos campos de batalha no norte de Portugal e o frio o haviam enfraquecido. Abalada com a morte do marido, Dona Amélia se dedica à educação da única filha, Dona Maria Amélia, que nascera em Paris, quando estavam no exílio, porém essa também falece de tuberculose aos 22 anos, na Ilha da Madeira, para onde haviam partido na tentativa de buscar a cura para ela. Ainda hoje, em Funchal, existe o hospital por ela fundado em 1853, destinado ao tratamento da tuberculose, hoje instituição que serve aos moradores da ilha.

Dessa diversidade humana atingida pela doença nasce, sob o conceito de *consumption*, que por tanto tempo perdurou, uma produção literária, operística, musical e uma crônica lírica e boêmia diversa e riquíssima.

Nesse registro, eu citaria de início, porquanto o li antes de Thomas Mann, nosso poeta tísico por sua própria designação, Manuel Bandeira. Viveu até os 82 anos e faz parte da estatística estimada no início do século passado de que 50% morriam, 25% permaneciam doentes crônicos e 25% se curavam espontaneamente. Acometido em tenra idade, a longa enfermidade lhe deixara sequelas indeléveis, razão pela qual denomina a tuberculose a "doença da cura". Passara longos anos em sanatórios suíços onde conheceu Paul Éluard, que lá entrara aos 16 anos de idade e de quem permaneceria amigo para a vida.

Bandeira, em carta de 1924 a Mário de Andrade, diz "*hoje sou ironicamente, sarcasticamente tísico*". Nesse mesmo espírito irônico, trabalha a amargura e transpõe para os inesquecíveis versos, em "Pneumotórax" (*Libertinagem*, 1958), o veredicto de seu médico no Sanatório de Clavadel, na Suíça:

Febre, hemoptise, dispneia e suores noturnos.
A vida inteira que podia ter sido e não foi.
Tosse, tosse, tosse.
Mandou chamar o médico:
— Diga trinta e três.
— Trinta e três, trinta e três, trinta e três...
— Respire...
— O senhor tem uma escavação no pulmão esquerdo e o direito infiltrado.
— Então, doutor, não é possível tentar o pneumotórax?
— Não, a única coisa a fazer é tocar um tango argentino.

Já Euclides da Cunha, outro autor que eu lera antes também, pode ser definido como o homem trágico à vera. Seria o exemplo mais paradigmático de *epos* e *páthos*, em sua vida e em sua criação. O rigor, o brilho, o texto complexo na forma, ao qual se rende o leitor pela pura beleza do conteúdo, explica o comportamento ora melancólico, ora violento, que irrompe de sua natureza. Em sua vasta correspondência, escreve ao pai em 1883, num gesto de sublimação do que deveriam ser seus sintomas e sinais da doença: "Meu pai, eu sinto o maior abatimento — corolário inevitável de preocupações e trabalhos que tenho tido — peço, pois, para desculpar o desânimo que transpira desta carta." Eu diria que, se não tivesse o fim trágico tão bem documentado na Tragédia da Piedade, Euclides teria sucumbido à tuberculose.

Mário de Andrade escreveu, atestando a incidência da doença entre outros poetas: "Entre os cacoetes históricos que organizaram o destino do homem romântico, um dos mais curiosos foi o de morrer na mocidade. Morria-se jovem porque isso era triste e, sobretudo, lamentável. Mais lamentável que penoso…" Os poetas Álvares de Azevedo e Cruz e Sousa são exemplos dessas mortes precocíssimas.

O universo sanatorial de Mann e de Roland Barthes

Roland Barthes, uma das personalidades que encarna o *physique du rôle* da tísica, trabalha assiduamente para seu *bacalaureat* de filosofia, com o grego de sua escolha, quando a dois meses da prova, uma súbita hemoptise, "trágica, catastrófica, uma falha estrutural que modifica a vida", em suas próprias palavras: "*Cet incident, une cassure, a cassé ma vocation*" ["Este incidente, uma interrupção, destruiu minha vocação"]. Passa 12 anos entre sanatórios nos Pirineus, no Midi, em Bayonne, e a exemplo de outros, faz desse longo, inexorável tempo, em que cada dia é o prenúncio da morte — aqui caberia o enunciado de Manuel Bandeira "eu faço versos como quem morre", nada literatura para o poeta, cada poema é uma despedida, cada dia é a véspera da morte. Barthes, sob o isolamento, o medo do contágio, no corpo prisioneiro, vive o verdadeiro começo de seus anos estruturalistas. Sua reflexão do momento se inspira no *O nascimento da clínica*, obra seminal que Foucault publica nesses mesmos anos. Descreve para si o fato mórbido, ou a forma sob a qual se manifesta a doença, com a distinção entre sintomas e sinais, a percepção do médico, o ato de cuidar que define como o contrário do processo vertiginoso de que se reveste a enfermidade, sua combinação de sinais, e morte, a tosse, ah, essa mesma tosse que aterrorizou Hans Castorp, o nosso personagem heroico de *A montanha mágica*, ao chegar ao Sanatório de Berghof, em Davos.

Deitado todo o dia, como prescrito na norma sanatorial, Barthes lê Balzac, Mauriac, Giraudoux e concebe um novo romance, que abandona pela força da doença. Atento aos menores sintomas, quase obsessivo, seu espírito analítico reflete sobre a interpretação de cada sinal. Quarenta anos depois, a semiótica da ciência da linguagem de Barthes faz a diferença entre a semiologia médica, como a ciência fundamental que trata dos sinais de doença.

Barthes, como Hans Castorp, plana entre dois mundos, o da melancolia e amargura e o do frenesi intelectual fertilíssimo, a viver um permanente rito de passagem. Todas as experiências do sanatório são superponíveis.

Sete anos Hans Castorp passou em Berghof e esse não é um número redondo ao gosto do sistema decimal, mas um número bom, prático à sua maneira, "um lapso de tempo mítico-pitoresco, e mais satisfatório para a alma do que uma árida meia dúzia", nas palavras do magistral tradutor de Mann para o português, Herbert Caro, esse berlinense gaúcho.

Cada frase do romance de Thomas Mann pode se aplicar à vivência de Roland Barthes e Castorp: a tuberculose cria uma comunidade, a pessoa entra em uma lógica *soi disant* transindividual e, ao mesmo tempo, adquire uma identidade que, nesse universo tão peculiar, se revela única.

Doença sem dor, incoerente, característica, sem odores, sem "isso": não tem outros vestígios, senão o tempo, interminável, e o tabu social do contágio; quanto ao resto, estava-se doente ou curado, abstratamente, por mera decisão do médico; e enquanto outras doenças individualizam, a tuberculose vos projeta numa pequena sociedade etnográfica, que se assemelha ao povoado, o convento, o falanstério: ritos, vivências, proteções.

Esse universo sanatorial, tão particular no que condensa de humano, com seus olhares, odores, sudoreses, suas prescrições litúrgicas, sua ausência de vantagens ou desvantagens manifestas na distribuição das mesas, sua democracia de mesas de honra, como uma metáfora audaciosa, uma vez mais nas palavras de Herbert Caro.

Esse ambiente, esse conluio tempo-espaço é exaustivamente descrito em muitos romances e em muitos registros biográficos, entre eles os do acadêmico Alberto da Costa e Silva, que em seu *Invenção do desenho: ficções da memória* discorre sobre os três anos passados em Campos do Jordão, e os define, hoje, com sua sabedoria, como "anos de serenidade".

O médico me dissera "seu caso não é grave, descoberto logo no início, em pouco tempo estará de volta à vida normal, por enquanto paciência. Repouso absoluto. Nada de leitura, apenas um pouco de música". Não acreditei no médico. Deitado o dia todo, sabendo-me à espera da morte, comecei a sentir-me, mais do que tranquilo, feliz.

Outro autor que se faz com facilidade localizar nesse contexto entre doença e criação é Ferreira Gullar. Internado no Sanatório de Correias aos 21 anos de idade para tratar a tuberculose, descreve, em *A luta corporal*, publicado em 1954, com agudeza nada melancólica, o sofrimento da doença:

O Inferno: se tivesse a certeza de que ao fim destas palavras meu corpo rolasse fulminado, eu faria delas o que elas devem ser, eu as conduziria a sua última ignição, eu concluiria o ciclo de seu tempo, levaria ao fim o impulso inicial estagnado nesta aridez utilitária em cujo púcaro as forças se destroem. Ou não faria. Não faria: uma vileza inata a meu ser trai em seu fulcro todo o movimento para fora de mim: porque esse tempo é um tempo meu, eu sou a fome e o alimento de meu cansaço: e eu sou esse cansaço comendo o meu peito. [...] Sou a força contra essa imobilidade e o fogo obscuro minando com sua língua a fonte dessa força. Estamos no reino da palavra, e tudo o que aqui sopra é verbo, e uma solidão irremissível, Inferno.

Thomas Mann me impressionou desde a primeira percepção do aguilhão do tempo:

> O tempo, mas não aquele que marcam os relógios de estações de trem, cujo ponteiro grande dá saltos bruscos, de cinco em cinco minutos, ou de relógios pequeninos, cujo movimento de agulhas permanece imperceptível, ou o que a relva leva para crescer, sem que olho algum perceba, como se ela o fizesse em segredo, até que um belo dia se torna fato evidente, o tempo, uma linha composta de um sem-número de pontos sem extensão, ora, ora, o tempo, à sua maneira silenciosa, secreta e contudo ativa, continuará a presentificar transformações.

Quantas vezes não contemplara Hans Castorp esse retrato, quantas vezes não o apertara aos lábios, no curso de tempo que decorrera desde então, trazendo consigo transformações... O tempo acarretara, por exemplo, a sua adaptação a uma vida levada ali em cima na ausência de Clawdia Chauchat, a moça russa, pessoa de seu interesse, atração erótica, aliás descrita como de olhos oblíquos (como a Capitu de Machado de Assis), que olhava para o Berghof, separada dele por um vasto espaço. Ela já estivera ali por três vezes internada. O tempo nessas alturas guarda um caráter especial e parece feito para produzir hábitos, ainda que seja apenas o hábito de não se habituar.

A especialíssima relação que existe entre o tempo e os corpos no espaço: talvez toda a sua enfermidade constasse disso e nada mais. A cada partida de um paciente, ou companheiro, por morte, com as dramáticas, irrecorríveis hemoptises, o levava aos enterros no próprio cemitério ao lado do sanatório, e o personagem se reconhecia ele mesmo gostando do ritual do funeral. Mas o que ligava Castorp com a chamada planície, ou a esfera de baixo, foi se estiolando com o passar do tempo. Já não encomendava mais os charutos Maria Mancini, fumaria de qualquer marca que encontrasse em cima, nos cinco mil pés de altura. A mim impressionava toda essa vivência com as longas internações, mesmo que em outro diapasão de tempo, em que as semanas ou os meses nos quais eu via os pacientes internados, e procurava entender a fragilidade física e a melancolia que pareciam emular, pelos seus *physiques du rôle*, os anos de *A montanha mágica*.

Havia muito que Hans Castorp renunciara aos calendários, quer os de arrancar folhinhas, quer os que marcavam os dias e as festas e efemérides, porque essas se restringiam ao universo do sanatório. Assim, pela sétima vez (sem se dar conta) no alto verão, época de sua chegada, ele se fechava de novo sobre si mesmo. *Páthos*, sem dúvida. *Ethos* fica em nosso imaginário, mais do que na *persona* Castorp descrita por Mann.

Suas intermináveis conversas com o Senhor Settembrini, misto de cordialidade cúmplice no confinamento tão especial e na purga existencial, em que Settembrini exerce sobre ele tão jovem uma influência corretiva em assuntos da vida e da morte. Agora Castorp se sentava, com as mãos entre os joelhos, à beira da cama do humanista, no pequeno cubículo, ou ao pé do divã onde Settembrini repousava de dia...

Acontece nas estações de cura que duas pessoas ou até duas famílias vivam durante semanas sob o mesmo teto e, contudo, completamente distanciadas. Um dia travam conhecimento, apreciam-se mutuamente e ao mesmo tempo ficam sabendo que uma está a ponto de partir. O tempo é o das espreguiçadeiras compulsórias, do ar fresco e seco nas varandas, o repouso noturno nas sacadas durante a primavera, o verão, o outono e o inverno. Perguntado pelo novo paciente "Você fica de noite na sacada?", Hans Castorp responde: "Sim, e você fará a mesma coisa. Não há jeito de escapar." É a inexorabilidade dos dias e do tempo, fora dos cronômetros e das ampulhetas, norte fora das bússolas.

Quanto ao tempo que era preciso permanecer ali para presenciar a volta de um enfermo partido prematuramente, Castorp nos diz:

A roda girava, o ponteiro ia avançando... já terminara a época do salepo e da aquilégia; o cravo silvestre também desaparecera... O equinócio de outono acabava de transcorrer. O dia de Finados estava próximo, e para os mais treinados consumidores do tempo, o domingo do Advento, o dia mais curto do ano e do Natal...

Nossos poetas enfermos

Afonso Arinos, em seu livro de memórias *A alma do tempo*, relata em diversos momentos, com uma precisão semiológica, os pródromos, o diagnóstico e sobretudo o estigma, em sua trajetória entre o sanatório em Belo Horizonte e o de Montana, na Suíça. Levando em conta sua longevidade (morreu com quase 85 anos), e trajetória cívica extraordinária, podemos dizer que ele também faz parte da estatística de cura.

No quarto já escuro, meti meu pijama, deitei-me, acendi a lâmpada de cabeceira. Súbito, veio a tosse, o gosto de ferro, a dor no peito, o sangue, vivo, no lenço. Voltei-me para a parede a fim de que o meu amigo não visse a minha angústia, a minha humilhação.

Escritos de Afonso Arinos, que morreu em 1990, continuam valiosos:

Naquele tempo a ideia da tuberculose corria aliada à de morte, pelo menos à de invalidez por toda a vida. Os resíduos da literatura romântica, nimbando-a embora com uma espiritualidade triste, tinham feito da tísica, mais do que uma doença do corpo, mais do que a peste branca ou o flagelo social, da sinonímia terrorista, a enfermidade da alma, o selo indelével dos destinos frustrados. Sífilis e tuberculose, erma então, os espantalhos terríveis da mocidade, no Brasil. Uma doença vergonhosa, mais do corpo, a outra, destino doloroso, mais da alma.

Nelson Rodrigues e a montanha trágica

A magistral biografia de Nelson por Ruy Castro, *O anjo pornográfico*, narra a longa trajetória do jornalista, dramaturgo e escritor por sanatórios, iniciada em 1934, quando sua irmã Stella, médica, pede a um colega que o examine. A ausculta e o "diga 33" revelaram o que era terrível à época: sinais de tuberculose pulmonar, ou a *morte branca*, nome que Nelson acharia "nupcial, voluptuoso, apavorante", ainda na era pré-antibióticos, com altíssimo índice de letalidade no Brasil. Pobre, Nelson mal pudera pagar as radiografias. A solução, confirmado o diagnóstico, era, como numa paródia popular de xarope da época: Tosse, bronquite, rouquidão? Campos do Jordão!

O professor Aluísio de Paula, ele próprio ex-tísico, e membro da Academia Nacional de Medicina, conseguiu garantir a Nelson Rodrigues uma internação gratuita no Sanatório Popular em Campos do Jordão. Nelson descreve com agudeza quase cínica o que seria o tempo e a vida sanatorial. Após a febre coletiva vespertina, a cacofonia da tosse. Recordista de pneumotórax, em diversos momentos das cinco recaídas nos anos seguintes, até o advento da estreptomicina em 1949, a tísica fora sua companheira por quase vinte anos, e lhe deixara sequelas perenes.

No eclodir da Grande Guerra e no soar do trovão, como descreve Mann, Castorp desce mecânica e impulsivamente à planície, quando leitor e narrador rompem a simbiose que até então os amalgamava e deixam repentinamente a letargia do sanatório para acompanhar o protagonista no campo de batalha... Nas palavras de Paulo Soethe, que faz posfácio da primeira edição da Companhia das Letras (2016), "descrito em apelo sensorial único no romance, *A montanha mágica* é assim um diagnóstico único do tempo, das noções, esperanças e equívocos que antecederam a Guerra, e nesse sentido resposta concreta à 'festa universal da morte'".

Personagem seminal na obra de Mann, Hans Castorp encarna ainda, no nosso imaginário, o heroico, o antiépico, todos como pessoas e *personas* únicas, das que se poderia dizer que são como os meteoros, ao nos permitirem perguntar sempre se eles realmente passaram ou existiram.

Deixou de ser peste a velha enfermidade. Na permanente controvérsia entre saúde e doença, perdeu o lirismo a velha tísica, a aids roubou-lhe a iconografia nas últimas três décadas, e hoje o SARS-CoV-2, o vírus causador da Covid-19, esse invisível e poderoso inimigo, atua como a encarnação do maior dos desafios em nosso momento atual. Valendo-me do *finis operis* de Thomas Mann, ao se despedir de seu personagem, esperamos que não escape de nossa visão, no tumulto, na chuva, no crepúsculo, esse horizonte de um novo renascimento.

A DEMOCRACIA NA AMÉRICA, DE ALEXIS DE TOCQUEVILLE, POR MARIA ISABEL MENDES DE ALMEIDA

Foi no início de minha formação acadêmica em ciências sociais que travei contato com um livro sobre o qual posso dizer que reorientou minha vida, refez seus rumos e sua direção. Penso nisso sobretudo quando me dou conta de que, no campo da literatura de ficção, não seria capaz de eleger uma única obra singular, entre tantas outras, que tenha transformado minha vida. Já no universo do ensaio e da não ficção devo dizer que tal tarefa se torna mais fácil e menos desafiadora no sentido de ser "a escolhida".

Trata-se do livro *A democracia na América*, escrito por Alexis de Tocqueville em 1832. Esse livro não somente esteve comigo ao longo de muitos anos, quando foi objeto de minhas aulas de teoria sociológica clássica, como posso dizer que, até hoje, ele me acompanha como uma espécie de fonte permanente de invenção e criação para aquilo que escrevo. Salta aos olhos a singularidade desse trabalho, sobretudo para alguém que, ao ter optado pelas ciências sociais, sempre teve o "faro" muito atento e interessado no impacto destas sobre a estrutura das subjetividades, dos afetos e daquilo que geralmente costuma ser invisível sob o ponto de vista dos estudos de sociologia e da teoria política modernas.

A democracia na América continuamente provocou em mim uma abertura de frentes inesgotáveis de intuições sobre a forma de funcionamento do "coração humano". Essa instância resume grande parte do que considero a genialidade de Tocqueville para lidar com uma sociologia dos sentimentos, dos afetos e das emoções tanto em contextos sociais democráticos quanto naqueles cuja passagem para a democracia se deu através de um processo revolucionário, como foi o caso da França.

Com exceção de Max Weber e Georg Simmel, Alexis de Tocqueville, no campo da teoria política e mesmo nas ciências sociais do século XIX, talvez seja o único capaz de oferecer pistas e fundamentos centrais que nos auxiliam a desvendar filigranas sobre a alma humana e seus desdobramentos na América até os dias de hoje, na sociedade contemporânea do século XXI.

Viajamos com Tocqueville, que desembarca em Manhattan em maio de 1832 e em seguida percorre com Gustave de Beaumont, magistrado como ele, 18 dos 24 estados da União, em missão oficial em nome do governo francês, para estudar o sistema penitenciário dos Estados Unidos.

O que mais chama a atenção nessa obra de Tocqueville é o entusiasmo do jovem membro de uma família da *petite noblesse* francesa, de apenas 26 anos, tão fresco e encantado com o desbravamento dos Estados Unidos, nação capaz de surpreender e gerar extrema curiosidade, sobretudo para alguém oriundo do Velho Mundo e de suas vicissitudes na época.

Com curiosidade voraz, faro atento e perspicaz para com o impacto trazido pelo aparecimento do Novo Mundo, Tocqueville consegue trazer em sua bagagem uma espécie de repertório ímpar daquilo que até os dias de hoje tanto nos surpreende em relação à igualdade americana, sob a mira de um herdeiro desta mesma igualdade só que, neste caso, extraída de um processo revolucionário. Munido, então, de uma radiográfica sensibilidade tão sintomática dos modos de cruzamento entre esses dois mundos, Tocqueville antecipa verdadeiros *insights* sobre a América que temos hoje diante de nossos olhos!

Entre tais *insights*, destaca-se a percepção quase que visionária a respeito daquilo que observamos contemporaneamente sobre a sociedade de consumo americana: sua ubíqua descartabilidade. Essa visão sobre o consumo, que ele já intuíra em 1832, e que é tão próxima da relação que temos, nós brasileiros, com o consumo, brota de sua imensa estranheza diante da obsolescência programada do mundo dos objetos que atravessa o funcionamento, os usos e costumes da sociedade americana. Cativo, portanto, do imaginário da perenidade e da indestrutibilidade do mundo dos objetos tão comuns ao seu país, nosso autor, ao abordar — ao longo de sua viagem — um marinheiro americano, espanta-se com o modo pelo qual na América os navios são construídos para durar tão pouco... É impossível não aludirmos aqui ao tão familiar *éthos* brasileiro sobre os métodos da reposição permanente dos produtos que já vêm ao mundo para se tornarem obsoletos... E o marinheiro responde a Tocqueville que a arte da navegação faz, a cada dia, progressos tão rápidos que o mais belo dos navios se tornaria logo quase inútil, se prolongasse a sua existência para mais de certo número de anos... Através da fala de um homem rude e a propósito de um fato particular, Tocqueville percebe a ideia geral e sistemática segundo a qual um grande povo conduz todas as coisas...

A cada vez que retomo passagens dessa obra, reativo em mim o fascínio que ela também me desperta em sua capacidade de tecer conexões tão primorosas com uma espécie de diagrama do inconsciente dos Estados Unidos da América. Soa, muitas vezes, quase inverossímil, a argúcia de suas percepções sobre aqueles indivíduos que se viam muito mais sensibilizados pela desigualdade existente no interior de uma mesma classe do que por aquela observada entre as diferentes classes. Inúmeros são os exemplos até mesmo prosaicos que nos vêm à mente quando pensamos em uma típica dona de casa da classe média americana ao dirigir seu olhar invejoso para um novo modelo de torradeira adquirido por sua vizinha...

O coração humano na América, inquieto e trepidante, se contrapõe às circunstâncias de serenidade para se lidar com o mundo material na sociedade em que viveu Tocqueville. Nesta, nosso autor sabe e sente em "seu coração" que os franceses, apesar de terem *se tornado* iguais, não se *sentem* e jamais se sentirão iguais...

De sua tribuna de pensamento impecavelmente sutil, ao mesmo tempo que herdeira da revolucionária queda de uma Bastilha, é irresistível seguir com este autor a censura ao desenho tépido de uma igualdade que, no Novo Mundo, arrasta os homens para os prazeres permitidos... Ou seja, muito mais do que uma subjetividade da igualdade dirigida à busca dos prazeres proibidos, é na mediocridade dos prazeres permitidos que esse povo encontra o "materialismo honesto", que não corromperia as almas, mas que as abrandaria e acabaria por enfraquecer sem ruído todas as suas molas... Mais uma vez, o crivo desse vaticinador diante da *deep* América, cujo funcionamento se mantém na contemporaneidade, testemunhamos sob a pena de Tocqueville, mais do nunca, impávidos.

O diagrama mental traçado por Tocqueville sobre o gosto pelo bem-estar material na América vai às últimas consequências sobre o que hoje poderíamos identificar com o que Freud chamou de mal-estar na civilização. E, além disso, é capaz de englobar a nós, brasileiros do século XXI, na mesma rede de implicações subjetivas. Ou seja, Tocqueville refere-se ao fato de que "o que mais vivamente prende o coração humano de modo nenhum é a posse tranquila de um objeto precioso, mas o desejo imperfeitamente satisfeito de possuí-lo e o temor incessante de perdê-lo...". Eis aí a "assombração" que nos aparece e enlaça, produzindo seus efeitos de torvelinho incessante, sem fundo e sem fim, agindo para muito além de nosso bem-estar material, invadindo os poros da alma e nela instalando o desassossego permanente e sem rédeas.

Enfim, eis o impacto libertador e de iluminação trazido por essa obra para a minha vida. Um encontro. Encontro daqueles que poucas vezes acontece na vida de alguém. Aprendi e me transformei depois dele, e através dele deixei de ser a mesma pessoa no plano de minhas emoções e dos afetos quanto ao trabalho intelectual. Nesse encontro inspirei-me para muitas construções posteriores, deixei-me irrigar por uma espécie de "turbina" permanente na busca dos pequenos batimentos cardíacos que atravessam, muitas vezes sem que o saibamos, as grandes análises da sociedade. Em muito agradeço a Alexis de Tocqueville por isso.

UM QUARTO SÓ SEU, DE VIRGINIA WOOLF, POR MARY DEL PRIORE

Para Charles, que me ajudou a ler Virginia.

Ainda estudante, li *Um quarto só seu*, de Virginia Woolf. Ter um quarto só seu serviria para aprontar os instrumentos com que se interpretava o mundo, permitindo satisfazer a feroz necessidade de intimidade e de jogar no papel o que não se contava. Foi mais um sonho do que um livro. Um sonho sobre a existência de um espaço único e pessoal de escrita. Onde se ousaria ser o que se é. Onde se diriam as verdades construídas sobre os outros, quando fôssemos capazes de dizê-las a nós mesmos. Onde uma chave na porta significaria o poder de pensar com a própria cabeça.

Virginia Woolf inventou uma língua que penetra na percepção do leitor. Que cutuca sua vulnerabilidade, seus medos e seu universo sensorial. Ela escreve com uma inocência luminosa de quem viu o mundo pela primeira vez. E por isso, em sua pena, cada objeto, uma mancha na parede ou um vaso de flores faz emergir fatos cotidianos que são como talismãs da memória. Talismãs que levam a uma meditação sobre o tempo que passa, a perda e a dor. Mas que também são pretextos para discorrer sobre uma sociedade que ela criticava e contra a qual se bateu.

Mais do que nunca, nos textos de Virginia, estar consigo mesmo só faz sentido se a experiência for transformada em literatura.

A compreensão e a identidade do escritor encontram uma mediação privilegiada na narrativa. Tais instantes de privacidade ou de intimidade não são sinônimo de solidão sofrida, imposta, sentida. Mas de profunda compreensão da vida. É aí que o sonho se transforma em realidade, e a conquista de um espaço, de um quarto só seu, permite a construção de uma obra tão visceral, cujas ressonâncias são ouvidas até hoje.

Com que idade Virginia teria começado a escrever? Na biblioteca do pai intelectual, Leslie Stephen, amigo de Henry James, sonhando em ir para a escola quando recebia educação particular, ela devorava quatro livros ao mesmo tempo: Shakespeare, Coleridge, Carlyle, George Eliot, entre outros. Enchia o papel com contos juvenis, relatos de viagens, diários íntimos. Desde menina, ela aprendeu a treinar o olhar, a desconstruir, a azeitar os utensílios para interpretar o mundo, enfim, a tentar rascunhos. Aos 15 anos, já escrevia com mais velocidade, elegância e densidade. E se perguntava: como captar um pôr do sol e unir palavras, sem cair em clichês? Resposta: esboçando o texto com a mão leve, em que o movimento e o ritmo dizem tudo. Mão que segurasse a rede onde se captura a vida. Rede onde o natural triunfasse sobre a pose, o estável, o mármore, a frase acadêmica. Texto que era o triunfo do frescor e da modernidade contra a literatura vitoriana, que julgava patriarcal.

Por intermédio dos amigos socialistas de Leonard Woolf, com quem se casou em 10 de outubro de 1912, Virginia foi muita atenta aos problemas sociais e políticos de seu tempo. Sobre sua união, ela diria: "Aspiramos, ambos, por um casamento sempre vivo, sempre ardente e não morto e fácil, como a maioria deles." Ela engajou-se pessoalmente em atividades sociais, participando de cooperativas, movimentos feministas, filantrópicos e artísticos. Sem maiores contradições entre a empatia por uma visão de mundo mundana e aristocrática, que viveu na infância e juventude, e os ideais pacifistas e políticos de Leonard, ela enriqueceu seu olhar sobre a sociedade inglesa, inscrevendo-se nas tensões com que retratou seu tempo. Um tempo marcado por grandes eventos históricos, como a Primeira Guerra Mundial, a aventura da Sociedade das Nações, em que Leonard teve papel importante, a Guerra Civil Espanhola, em que Virginia perdeu um sobrinho, e, finalmente, o início da Segunda Guerra Mundial, que a envenenou física e moralmente. Ela foi rigorosamente o produto de uma época.

Em 1929, ao ser convidada para palestrar para um grupo de jovens universitárias sobre o tema "As mulheres e a literatura", Virginia Woolf falou sobre a importância da autonomia: Quinhentas libras por ano representariam o tempo de introspecção. E uma tranca na porta, o poder de pensar por si mesma. E desenvolveu o tema se perguntando por que as mulheres eram tão pobres, por que não houve grandes poetisas na época elisabetana, por que elas mais escreviam romances do que poesia, se o sexo influenciaria a escrita etc.

Seu método? O "*thoughts in progress*", ensinou. Suas reflexões poderiam emergir quando estivesse sentada à beira de um rio ou ao ver passar um gato sem rabo capaz de mudar o curso de suas ideias. E nada de teses mirabolantes, mas exemplos e argumentos extraídos de suas estantes de livros. Pinçados entre autores que amava. Não se valeu de nenhuma abstração capaz de confundir as ouvintes, mas de uma sucessão de observações e propostas concretas sobre fantasias narrativas de todos os tipos, entre outras pistas que espalhou entre as jovens que a ouviam.

Nesse mesmo texto, *Um quarto só seu*, que originalmente se chamaria "Alguém bate à porta", ela convidava a inventar uma nova maneira de escrever. Maneira que desse conta de nossas vidas e mortes, de nossas emoções e solidão, dos momentos de ser e não ser, dos caminhos misteriosos da memória e do amor. E recomendava: por sua forma, a frase não devia ser pomposa, vaga ou pesada. Mas uma música nova que conduzisse o leitor do início ao fim do livro. Uma voz poética mesclada ao riso leve. Nada de reescrever as páginas, enchendo-as de correções. Mas unificá-las, como "se passasse sobre a tela um pincel úmido", nas palavras de Leonard.

Ao ser perguntada sobre "que estado de espírito era mais propício à criação literária", Virginia respondeu que a dificuldade era igual para homens e mulheres. E advertia: "O mundo não pede a ninguém que escreva. Indiferença e desprezo são os riscos da atividade." Porém, a situação seria pior para as mulheres, que não tinham liberdade ou educação. E para ilustrar a trágica condição das mulheres de talento na época elisabetana, ela inventou a tocante personagem de Judith Shakespeare, irmã inferiorizada de William, tão genial quanto ele, mas... mulher. Logo, sem futuro, morta e enterrada "em alguma esquina na parada Elephant-and-Castle". E o que dizer da genialidade contrariada de Jane Austen, relegada à invisibilidade?

Se algumas feministas apressadas citaram tantas vezes esse ensaio, cujas reivindicações nos parecem tão próximas, elas esqueceram de mencionar as inúmeras páginas em que Virginia previne contra o rancor e o ressentimento. O que segundo ela fazia a força de Shakespeare era desconhecer "o desejo de protestar, de pregar, de exibir uma ferida". Segundo ela, sua arte pura, desembaraçada de amarguras, era emanação, de "um espírito incandescente e liberto". E Virginia advertia: era preciso renunciar a considerar os homens como o campo contrário, como inimigos. Fazia-se necessário extinguir os obstáculos internos. Não se distrair com ódios e queixas, desprendendo-se de todo azedume e desgosto. Só assim, as mulheres poderiam atingir a "*incandescência*", o único caminho para a verdade ficcional.

"Se quiser escrever literatura, uma mulher precisa ter dinheiro e um quarto só seu." O elo entre a condição social das mulheres e sua produção intelectual definiria a própria autonomia. Segundo ela, nada de esposas perfeitas, puras e devotadas, características da burguesia. Ao contrário, era preciso matar o "anjo do lar". Juntar-se aos simples e aos poetas, rindo-se das proibições sociais para abraçar a energia do mundo.

A poetisa e música americana Patti Smith, depois de visitar *Monk's House*, a casa de Virginia, e fotografar o sinistro rio em que se afogou, registrou serena: "Virginia tomou sua decisão em plena consciência; ela não se jogou ao rio Ouse, mas ali entrou decidida. Escolheu pôr um fim à sua vida como a viveu: como um espírito livre e independente."

Feminista? Não. Feminina e humanista. Ela aspirava a um mundo em que a questão dos gêneros não se colocaria em termos de divisão, mas de respeito a cada ser humano e ao seu trabalho. Ela lutou contra a incompreensão que pudesse persistir entre os sexos, quando se tratava de emoções estéticas e morais. Queria pôr abaixo os muros que separassem a mulher no lar e o homem na rua. "Matar o anjo" significaria recusar o fantasma vitoriano de uma feminilidade ideal e a divisão normativa dos papéis. Sim, ela precisou de um quarto para si, mas a casa, segundo ela, era para todos. Era andrógina. Sua ética feita de disciplina, euforia e introspecção era exemplar. Da necessidade de se inventar um destino, ela fez um imperativo exigente e libertador. E, hoje, para que "um quarto só seu"? E ela responderia: para compartilhar o poder poético da prosa, a defesa dos ideais de liberdade e tolerância e os questionamentos sobre esse estranho conjunto de coisas incoerentes que é a complexidade da vida.

O ENCONTRO MARCADO, DE FERNANDO SABINO, POR MERVAL PEREIRA

Talvez tenha sido devido à angústia que domina todo adolescente inseguro que se prepara para encarar a vida, sem saber que se trata de uma luta dura, permanente, quase sempre desesperada. Talvez por me ver refletido nas incertezas de Eduardo Marciano, na busca da literatura como plano de fuga. Talvez tudo isso ao mesmo tempo, mas, conhecedor de que o personagem principal do livro *O encontro marcado* era baseado em seu autor, Fernando Sabino, pode ser que tenha buscado nele um alento para meus sonhos literários.

Passava os dias deitado no sofá da casa, lendo. Sabino, Vinicius de Moraes, Paulo Mendes Campos, Rubem Braga eram os preferidos dos brasileiros naquela época. Lembro, e ainda hoje está comigo, a coleção dos livros de encadernação vermelha de Eça de Queiroz publicada no centenário do autor, uma edição especial de toda sua obra de restrita tiragem, com o nome de meu pai gravado.

Meu pai chegava em casa à noite, depois de uma jornada tripla como médico, e reclamava: "Eu saio, você está aí lendo. Volto, e você está na mesma posição, lendo. Tem que trabalhar."

Um dia, me comunicou que eu tinha uma entrevista com um gerente de banco amigo dele. Fui para a cidade de ônibus, de terno e gravata, mas nem cheguei a entrar no banco. Parei na porta de vidro, vi o movimento lá dentro, e peguei o ônibus de volta. À noite, meu pai exasperou-se: "Você quer ser o que na vida, afinal?"

Fiquei lembrando de outro livro, *O apanhador no campo de centeio*, de J. D. Salinger, cujo personagem principal, Holden, não gostava de fazer nada, era um ranzinza. Eu não chegava ao ponto de não ter ambições, de desdenhar as relações sociais como o personagem, cuja fobia se traduz nesse pensamento: "Estou sempre dizendo: 'Muito prazer em conhecê-lo' para alguém que não tenho nenhum prazer em conhecer. Mas a gente tem que fazer essas coisas para seguir vivendo."

Essa frase de resignação diante da vida cotidiana é atemporal, todos os adolescentes, em todas as línguas, passam por isso, e eu, na porta daquele banco, vi minha vida passar como a de Eduardo Marciano, funcionário público com uma paixão pela literatura entalada na garganta, fazendo coisas desimportantes "para seguir vivendo", e morrendo a cada dia desperdiçado.

O título do livro é uma frase de uma canção. Holden certa vez diz a sua irmã que a única coisa que gostaria de ser na vida era o apanhador no campo de centeio, aquele que tem por objetivo proteger as crianças para que não caiam no precipício. Um belo propósito de vida, mas sem muito futuro.

O meu era mais imediatista, embora também não tivesse futuro. "Jornalista", respondi, instintivamente. Afinal, a única coisa que gostava de fazer era ler e escrever. Tínhamos nosso grupo de aspirantes a literatos, como em *O encontro marcado*. Acabei no *Diário de Notícias*, um jornal que fora importante no Rio, mas estava decadente àquela altura.

Fui designado para estagiar na editoria de educação, onde passei os piores meses da minha vida até então. A monotonia só foi quebrada com as passeatas estudantis, que eu cobria com muita satisfação. O jornal tinha uma cantina no subsolo, que se alcançava através de uma escadinha de metal em caracol. O ambiente era insalubre, e toda tarde via a um canto uma mesa sempre com três, quatro antigos jornalistas, os ternos puídos, discutindo entre si temas profundos de política ou internacionais, tomando café com pão e manteiga, que "penduravam" na cantina. Não recebiam salários, sempre atrasados.

Me via na redação do jornal de Belo Horizonte em que Eduardo Marciano trabalhava, que tinha a mesma cantina em que os velhos e novos jornalistas discutiam política, literatura, falavam de livros que não escreveriam. Eduardo e seus amigos os consideravam "uns morcegões, que não escreveram nada".

Depois de algum tempo com aquela imagem me assombrando, e sabendo que o meu editor não recebia salários havia meses, vivendo da venda de anúncios, desisti. Mas, fazer o quê? Insisti no jornalismo, e acabei na redação de *O Globo*. Ao mesmo tempo, estudava Direito na antiga UEG — Universidade do Estado da Guanabara.

Fui levado, em meio a uma redação cinzenta de fumaça de cigarros, barulhenta com as conversas e o matraquear das máquinas de escrever, envelhecida pelos móveis antiquados onde sentavam-se aqueles antigos jornalistas que vira no *Diário de Notícias* comendo média com pão e manteiga, para ser apresentado ao chefe da redação. Era um negro de baixa estatura, mas de voz alta e confiante. A primeira coisa que me disse foi: "Merval e Leonídio é tudo nome de crioulo. Como nós somos brancos, eu sou Barros e você é Pereira Filho."

Pensei que estava entrando num hospício, mas fiquei firme. Já sentindo naquele chefe os ecos do Veiga de *O encontro marcado*, outro escritor frustrado engolido pela necessidade de "seguir vivendo", que acabou numa redação de jornal. Mas na reportagem não havia escritores frustrados, mas funcionários públicos que tinham no jornal um bico.

Os escritores, frustrados ou não, estavam entre os redatores, que revisavam os textos dos repórteres. Era o mais novo da redação em idade, e trocava ideias com alguns redatores sobre leituras, estrutura de texto, coisas que iam além de "seguir vivendo". Muitos deles, poetas e romancistas, alguns talentosos até, tinham de trabalhar em jornal para subsistir. Tive contato com grandes literatos, como João Antônio, Félix de Athayde, Aguinaldo Silva, Tite de Lemos. Outros, massacrados pelo cotidiano, sem perspectiva, tomavam porre no boteco da esquina, assim como Eduardo Marciano.

Eu estava na redação, já contratado depois de mais de um ano sem receber salário — naquele tempo, estagiário aprendia jornalismo na prática, de graça —, quando chegou a modernização da profissão, através dos computadores. Meu editor de política desistiu. Ele escrevia à mão, apreendeu a duras penas a bater na máquina de escrever com dois dedos, mas não resistiu ao computador.

Do nosso grupo de pretensos literatos, saíram grandes advogados, embaixadores, economistas. Só eu segui a carreira de jornalismo. Minha veia literária dirigiu-se a contos escritos quase na clandestinidade, aplacada pelas notícias do cotidiano. Mas, como dizia Moacyr Scliar, a quem sucedi na Academia Brasileira de Letras, o jornalismo é um ramo da literatura.

AS CIDADES INVISÍVEIS, DE ITALO CALVINO, POR MIGUEL PINTO GUIMARÃES

Fui um nerd. Cdf clássico! Criatura da noite. Não andava de *skate*, não surfava, não jogava bola. Desenhava. Varava madrugadas desenhando compulsivamente. Criando personagens. Dei vida a uma centena deles. Eram cientistas, super-heróis, androides, robôs, animais antropomórficos. Seres com famílias, histórias, personalidades complexas. Mas, principalmente, seres que habitavam. Habitavam casas, mansões, barcos, castelos, cidades subterrâneas, cavernas, colônias extraterrestres. Analisando com a devida distância no tempo, era isso que neles mais me interessava, suas moradas. Criava mundos fantásticos para cada um deles, todos devidamente registrados em negras linhas de grafite ou nanquim em alvas páginas de caderno, de sulfite ou qualquer outra superfície branca maior que um guardanapo. Com absoluta certeza vem daí a minha paixão pela arquitetura e pelo urbanismo, que viriam a se tornar o meu ofício. E esse genuíno interesse se manifestava também nas minhas mais antigas referências literárias.

E aí, novamente, consigo, hoje, identificar que o que mais me atraía não eram os personagens, seus dramas, seus *egos* e *alter egos*. Eram os cenários em que viviam, os lugares por onde andavam, as cidades que habitavam. Tinha (e ainda tenho) a estranha mania de me transportar para a paisagem, de pairar sobre os diálogos, ignorar as *personas*, mas interpretar os panos de fundo, arquitetar e desenhar mentalmente mapas daquelas paragens, preenchendo as lacunas do que não me era oferecido explicitamente nas páginas dos livros com a minha mais fértil imaginação.

Ainda hoje consigo acessar com imensa clareza de detalhes todos aqueles lugares incríveis que visitei na minha infância e adolescência e cujos mapas tanto elaborei. Desde a Terra do Nunca de Barrie — que se alcançava seguindo a segunda estrela à direita e depois direto até o amanhecer — até todos os lugares visitados por Gulliver, entre eles a famosa Lilliput ou a ilha voadora de Laputa, aquele maravilhoso reino devotado à música, à astronomia e à matemática. Ficava excitado a cada vez que o menino-lobo de Rudyard Kipling se aproximava do vilarejo de Seonee, em busca do fogo ou do amor. Me lembro da sensação que eu tinha, tal qual Mogli, ao descortinar aquele pouco de civilização por entre as folhagens da floresta originária de Madhya Pradesh, a província central indiana.

Imaginei todos os mundos elaborados por Dr. Seuss, lugares que não se vê em livros de geografia, como as montanhas de Zomba-ma-Tant e as cidades de Motta-fa-Potta-fa-Pell. Como a ilha africana de Yerda, o deserto de Zind ou as selvas de Hippo-no-Hungus.

A ficção científica me abriu novas e infinitas possibilidades imaginativas. A literatura de Orwell, Huxley e H. G. Wells tomou de assalto meus mais púberes devaneios, me preenchendo de fantasias e expandindo diametralmente a minha criatividade. Imaginar a arquitetura da distópica Londres no ano 2540 d.C. em *Admirável mundo novo* e a comparar à da Pista de Pouso Número Um, à Grã-Bretanha de *1984* ou à Everytown de *Things to Come*... Tentar entender as diferenças entre as utopias de Wells, descritas em *A Modern Utopia* e em *Men Like Gods*, e ir buscar decifrá-las direto na fonte, a ilha de Thomas More, confesso, me tiraram noites de sono na juventude, mas também moldaram e sedimentaram o meu entendimento de sociedade e dos sistemas político e econômico. Nos meus devaneios, nunca imaginei esse futuro, mas acredito que, hoje, todos comungamos da visão pessimista e desencantada de Huxley em seu derradeiro livro, *A ilha*, a sociedade ideal tão bem descrita nos diálogos de Will Farnaby, espelho utópico à distopia de *Admirável mundo novo*. É... prezado Aldous, parece que demos errado como humanidade, tal qual imaginastes em 1962. Sorte sua não ter vivido até o século XXI para comprovar...

Minha viagem pela ficção científica rumo à Utopia de More teve uma especial escala em Cyrano de Bergerac e seus Impérios do Sol e da Lua, a ideia do paraíso no satélite terrestre e a diversidade que caracterizava suas sociedades solar e lunar. Sua escrita libertina e de viés utópico incrivelmente racional tantas décadas antes do Iluminismo me iluminou tanto quanto o meu encontro definitivo com a obra de Shakespeare, onde minha imaginação encontrou fecundo deleite.

Muito além de decifrar e mapear a Stratford-upon-Avon elisabetana ou a Londres shakespeariana, circunscrita basicamente a Southwark, Blackfriars e principalmente Bankside, onde se localizava o Globe Theatre, e tantos outros teatros por onde circulava e performava O Bardo e sua trupe, o mais fascinante era acompanhar as suas personagens em seus respectivos cenários, embalados por seus mais famosos versos em pentâmetro iâmbico. Paisagens tão fantásticas quanto a fictícia Arden de *As You Like It*, a romântica Verona dos Capuletos e Montéquios, ou a próspera Veneza de Shylock. Próspero, aliás, é o nome do Duque de Milão, que habitava a remota ilha descrita em *A tempestade*, tida como a despedida do autor. Incomparável é a imponência do castelo de Elsinore, cujos tristes salões e frias paredes de pedra foram testemunhas de tantas vinganças, traições, assassinatos, loucura e corrupção, que marcaram a curta vida do Príncipe Hamlet antes do silêncio. Mas nada se compara à importância de Egito e Roma em *Antônio e Cleópatra*. Podemos dizer que nesta obra são quatro os protagonistas, sendo a história de amor entre o imperador Marco Antônio e a rainha egípcia mera coadjuvante diante da importância de se compreender a dinâmica entre os dois destacados impérios do Mediterrâneo helenístico.

Falar em Roma e Egito me lembra os grandes relatos de viajantes como Ibn Battuta e suas paragens, mas, seguindo o fio dessa meada, vou acabar descrevendo a Cólquida dos argonautas, a Troia de Homero ou a Ítaca de Ulisses, o que não caberia na odisseia que virou este artigo. Portanto, melhor retornar à cultura pop e aos meus heróis contemporâneos.

Tintim e Corto Maltese talvez tenham sido os maiores da minha infância, ao personificar justamente todos os aventureiros, pesquisadores, naturalistas que mapearam o planeta e tanto me inspiraram, de Alexander von Humboldt a Jacques Cousteau, passando por Darwin, Lewis e Clark, Burton, Livingstone, Cook, Ballard, Burckhardt e Sir Edmund Hillary.

As viagens do intrépido Tintim e seu fox terrier Milu me encantaram ao nos descortinar mundos que existiam, como o Nepal, o Tibete, Marrocos, Tunísia, Sri Lanka, Irã, e também outros mundos que não existiam, como Khemed, Sondonesia e Nuevo Rico. Me apaixonei pela América pré-colombiana, especialmente sua porção sul-americana inca, que me foi apresentada por Hergé em *O templo do sol*, e também pela China tão precisa e não estereotipada de *O lótus azul*, talvez a mais política de suas histórias. Por falar em política na obra de Hergé... oops... melhor mudar de assunto.

Aprendi demais com HQs. Sempre fui mais DC Comics do que Marvel. Não pelos heróis ou superpoderes, mas pelos mundos muito mais complexos que eles traziam a reboque. Mulher-Maravilha era uma amazona que trouxe o Monte Olimpo para o meu imaginário. Me apresentou a estética e toda a arquitetura grega. Aquaman me inaugurou o mito de Atlântida, que tanto procurei pelas escotilhas do *Nautilus* do Capitão Nemo de Júlio Verne. Nunca curti o Batman, mas era fascinado pela sombria Gotham City, cidade de gangues e mafiosos. Acho que ainda poderia descrever as cortinas e *boiseries* da Mansão Wayne ou as suas fundações na BatCaverna. E o que dizer do Amusement Mile Park, trazendo para o universo juvenil as polêmicas questões da decadência e recuperação urbanísticas de antigas áreas portuárias que se tornariam importante agenda urbana na segunda metade do século XX? Talvez minha única exceção à Marvel seja a utopia afrofuturista criada por Stan Lee em 1966 para dar forma a Wakanda, o reino do Pantera Negra. Essa nação subsaariana localizada em algum lugar entre o Quênia, a Etiópia, Uganda e Sudão, levando em conta o pensamento urbanístico mais de vanguarda, seria a nação mais avançada do mundo, unindo tecnologia e tradição de maneira surpreendentemente sustentável. A capital Birnin

Zana, com suas ruas pedonais, edifícios de fachadas verdes e jardins suspensos, com seus trens *maglevs* flutuando sobre a cidade inteligente, seria hoje a Shangri-La dos arquitetos e urbanistas.

No entanto, o meu super-herói favorito sempre foi o Super-Homem. Me lembro com imensa clareza da minha visão da cidade de Argo, localizada no planeta Krypton, onde nasceu Kal-El, que viajaria a mando de seu pai para a Terra, onde, rebatizado de Clark Kent, passaria a viver na cidade de Metrópolis, se deslocando diariamente por entre arranha-céus de sua cobertura no Edifício Sullivan à sede do *Daily Planet*, onde trabalhava, correndo o constante risco de cruzar com seu antagonista Lex Luthor, que, como Hades, habitava o submundo da metrópole com seu palácio de ares trumpistas em meio aos esgotos e linhas subterrâneas de metrô.

Aliás esse submundo, amaldiçoado pelas religiões, sempre me pareceu muito mais rico e interessante do que o seu espelho celestial. Talvez eu conheça o mapa de Botticelli para o *Inferno de Dante* tão bem como o mapa-múndi. Essa geografia do além, composta de nove círculos, três vales, dez fossos e quatro esferas apresentada a Dante por Virgílio e percorrida por Orfeu em busca de sua Eurídice é muito mais interessante do que a Jerusalém celeste do Livro do Apocalipse.

Submundo que foi também escrutinado por Victor Hugo ao retratar com maestria as entranhas de sua Paris. Épica é a fuga de Jean Valjean e Marius pelos *égouts* em *Les Misérables* (*Os miseráveis*), apelidados pelo autor francês de o "intestino de Leviatã" e tornados célebres desde *Notre-Dame de Paris*, que revelou ao mundo o *alter ego* da famosa Catedral, representado pelo "Cour des Miracles", a cidade dos proscritos.

Aqui faço um parêntese para ilustrar essa relação intrínseca entre a literatura e a história urbana. *Les Misérables* foi publicado em 1862 em pleno redesenho de Paris, planejado e executado pelo prefeito de então, o Barão de Haussmann, entre os anos de 1853 e 1870. Além do embelezamento e modernização, a "haussmannização", termo pelo qual ficou conhecida uma das maiores transformações urbanísticas da história, tinha como agenda oculta dificultar as barricadas e insurreições populares que eram favorecidas pelo traçado medieval da cidade e que são palco e cenário da obra de Victor Hugo, cujo enredo se desenrola entre 1815 e 1832.

Victor Hugo talvez seja um dos meus autores favoritos pela brilhante capacidade de transformar cenário em personagem. Paris foi protagonista em suas obras. Assim como foram Recife para João Cabral de Melo Neto, Rio de Janeiro para João do Rio, Salvador para Jorge Amado e Veneza para Joseph Brodsky e Italo Calvino.

Calvino. Cheguei, finalmente, aonde começa a nossa história. E espero que tenham me acompanhado até aqui. Pois Calvino é o autor do livro que mudou a minha vida. O livro, *As cidades invisíveis*.

Na obra, Calvino narra fictícias conversas entre Marco Polo, mercador e explorador veneziano, e Kublai Khan, o imperador mongol que dominava mais da metade do continente asiático ao final do século XIII. Só isso já seria o suficiente para me apaixonar. Terras distantes, relatos de grandes viagens e a liberdade poética de imaginar diálogos associada à audácia de os colocar na boca de personagens históricos. É a mais espetacular fábula sobre o encontro do Ocidente com o Oriente.

A inspiração foi o clássico medieval *O milhão (Il Milione),* registro dos relatos de Polo ao seu companheiro de cela, Rusticiano de Pisa, enquanto presos em Gênova. O pano de fundo é a relação de fato entre o veneziano e o governante asiático, que, ao conhecer o jovem explorador que viajava com seu pai, acabou nomeando-o emissário do império e o fez viajar por seus domínios da China a Burma, da Índia à Indonésia, indo e vindo das capitais do império, Beijing e Xanadu, para relatar ao imperador as maravilhas que encontrava e via pelo caminho. *As cidades invisíveis* nada mais é do que a imaginação de Calvino retratando ao Khan, através de Polo, as 55 mais fantásticas cidades do mundo!

O livro e essas cidades me foram apresentados por meus professores Flávia de Faria e José Kós. Lê-las, conhecê-las, enquanto aluno da Faculdade de Arquitetura e Urbanismo, foi transformador, arrebatador. Porque nelas encontrei tudo aquilo que li, aprendi, imaginei, desenhei e procurei nas minhas, até então, duas décadas de existência.

As cidades invisíveis é uma ode às cidades. "O homem que cavalga longamente por terrenos selváticos sente o desejo de uma cidade."

O livro é uma declaração de amor à condição urbana. A essa complexidade que ao mesmo tempo constrói e destrói as cidades em um ciclo infinito de desgraças belas e belezas fugazes.

Quando se chega a Tecla, pouco se vê da cidade, escondida atrás dos tapumes, das defesas de pano, dos andaimes, das armaduras metálicas [...] À pergunta: por que a construção de Tecla prolonga-se por tanto tempo?, os habitantes, sem deixar de içar baldes, de baixar cabos de ferro, de mover longos pincéis para cima e para baixo, respondem: — Para que não comece a destruição. — E, questionados se temem que após a retirada dos andaimes a cidade comece a desmoronar e a despedaçar-se, acrescentam rapidamente, sussurrando: — Não só a cidade.

Calvino entendeu e expôs, melhor do que ninguém, a cidade como um palco de existências, um profundo repositório de almas, uma "inchada esponja de material vital" que se amalgama aos seus habitantes simbioticamente.

— Mas qual pedra que sustenta a ponte? — pergunta Kublai Khan.
— A ponte não é sustentada por esta ou aquela pedra — responde Marco —, mas pela curva do arco que estas formam.
Kublai Khan permanece em silêncio, refletindo. Depois acrescenta:
— Por que falar das pedras? Só o arco me interessa.
Polo responde:
— Sem pedra o arco não existe.

Em sua análise da ligação intrínseca entre uma cidade e seus habitantes, podemos concluir que uma não é cenário e os outros tampouco protagonistas. A cidade subjuga, conduz e, principalmente, sobrevive. Como "Leandra, a cidade que estava ali antes da chegada desses intrusos e que restará depois que todos partirem".

No entanto, e paradoxalmente, uma cidade só existe nos olhos de quem a vê, nas palavras de quem conta ou nos ouvidos de quem escuta sobre ela. "É o humor de quem olha que dá forma à cidade de Zemrude." Mas principalmente uma cidade só existe porque perdura na memória. Memórias devem ser tijolo e argamassa de toda e qualquer expressão urbana.

Zaíra é feita das relações entre as medidas de seu espaço e os acontecimentos do passado [...]. A cidade se embebe como uma esponja dessa onda que reflui das recordações e se dilata. Uma descrição de Zaíra como é atualmente deveria conter todo o passado de Zaíra. Mas a cidade não conta o seu passado, ela o contém como as linhas da mão, escrito nos ângulos das ruas, nas grades das janelas, nos corrimãos das escadas, nas antenas dos para-raios, nos mastros das bandeiras, cada segmento riscado por arranhões, serradelas, entalhes, esfoladuras.

As cidades são frutos dos encontros! É o segredo e o motivo de seu triunfo. A criatividade, o comércio, a ciência, as artes, a cultura, a inovação, produtos quase que exclusivos do ambiente urbano, dependem da sinergia, da troca, do convívio, da conversa, da rua, da praça. São a alma do ser urbano. Fazem pulsar as suas vias.

Em Melânia, todas as vezes que se vai à praça, encontra-se um pedaço de diálogo: o soldado jactancioso e o parasita, ao saírem por uma porta, encontram o jovem esbanjador e a meretriz; ou, então, o pai avarento, da soleira, dá as últimas recomendações à filha amorosa e é interrompido pelo servo idiota que vai entregar um bilhete à alcoviteira. Anos depois, retorna-se a Melânia e reencontra-se a continuação do mesmo diálogo; neste ínterim, morreram o parasita, a alcoviteira, o pai avarento; mas o soldado jactancioso, a filha amorosa e o servo idiota assumiram os seus lugares, substituídos, por sua vez, pelo hipócrita, pela confidente, pelo astrólogo.

O embate entre a imaginação e a razão define a minha cidade preferida de todo o périplo de Marco Polo.

A cidade de Sofrônia é composta de duas meias cidades. Na primeira encontra-se a grande montanha-russa de ladeiras vertiginosas, o carrossel de raios formados por correntes, a roda-gigante de cabinas giratórias, o globo da morte com motociclistas de cabeça pra baixo, a cúpula do circo com os trapézios amarrados no meio. A segunda meia cidade é de pedra e mármore e cimento, com o banco, as fábricas, os palácios, o matadouro, a escola e todo o resto. Uma das meias cidades é fixa, a outra é provisória e, quando termina a sua temporada, é desparafusada, desmontada e levada embora, transferida para os terrenos baldios de outra meia cidade. Assim, todos os anos chega o dia em que os pedreiros desmontam os frontões de mármores, desmoronam os muros de pedra, os pilares de cimento, desmontam o ministério, o monumento, as docas, a refinaria de petróleo, o hospital, carregam os guinchos para seguir de praça em praça o itinerário de todos os anos. Permanece a meia Sofrônia dos tiros ao alvo e dos carrosséis, com o grito suspenso do trenzinho da montanha-russa de ponta-cabeça, e começa-se a contar quantos meses, quantos dias se deverão esperar até que a caravana retorne e a vida inteira recomece.

Citei aqui apenas seis das 55 cidades inventadas por Calvino em seu delírio fabular. São cidades verossímeis demais para serem verdadeiras. Todas elas foram batizadas com nomes femininos. A Cidade é mulher. É aquela que concebe, que pare, que embala, que cuida. Desde que as conheci, passei a correr o mundo atrás delas. As reconheci em Alhambra, em Marrakech, Nova York e Paris. Em Bagan, no Lago Inle, em Jerusalém e Timbuctu. Em Mont Saint-Michel e em Urbino. Istambul, Cuzco e Lhasa, "cujos tetos alvos erguem-se acima do teto nebuloso do planeta". Mas principalmente em Veneza. Porto de partida e de chegada da nossa história. "Todas as vezes que descrevo uma cidade digo algo a respeito de Veneza", enfatiza Marco Polo ao Khan.

Eu as encontrei em muitas das cidades que vi, em outras que verei, mas também nas que não vi e nunca verei. Mas sei que existem. Nos desejos, nos símbolos, nas individualidades. Cidades são realidades recheadas de imaginação e de afetos. Vale muito a pena viver nesse desafio utópico.

Nota: A rica experiência da imersão no mundo criado por Italo Calvino não seria a mesma se não fosse a tradução poética e inspirada de Diogo Mainardi. Apenas um homem que escolheu morar em Veneza teria a sofisticada sensibilidade e requerida capacidade de embarcar nessa epopeia com tamanho êxito.

O MANDARIM,
DE EÇA DE QUEIROZ,
POR MONJA COEN

Nove anos de idade.

Descobri a leitura.

A coleção de Eça de Queiroz era encapada de marrom e dourado.

Meu pai, percebendo meu interesse pela leitura, apontou para esses livros (e outros, incluindo a coleção de Machado de Assis de capas verdes com letras douradas) dizendo:

— Esses livros não são para você.

Pois foi a chave para que eu escolhesse o mais fininho de todos — ficava logo no começo da coleção.

Português antigo, de Portugal...

Maravilhei-me.

Do funcionário público ao mandarim na China.

Aventuras e desventuras.

Um sino, uma decisão.

Nunca reli esse livro, mas tenho cenas construídas a partir dessa leitura.

Cenas de personagens, momentos, que até hoje vivem em mim.

E assim fui lendo — agora não apenas os livros infantis que meu pai e minha mãe me davam, não apenas os livros da puberdade e adolescência.

Havia algo mais.

Comecei a escrever.

Fui jornalista profissional e passei a perceber a diferença entre um bom início e um bom fim.

Sem jamais perder a beleza do Caminho do Meio.

A leitura me transportava, transporta e transportará a outros mundos, pensamentos, conceitos, ideias.

O mandarim foi a abertura de um portal literário.

Palavras bem colocadas.

Na escola tinha boas notas em redação, ditado, composição.

Só não me perguntassem qual a regra gramatical.

Sabia de ouvir, de ler.

Sabia por saber, sem saber das regras.

Depois as fui reconhecendo.

Visitando Lisboa, ganhei na livraria mais antiga do mundo, em frente ao retrato de Eça de Queiroz, uma nova edição de *O mandarim*. As jovens sabiam do meu primeiro livro de literatura portuguesa da minha infância.

Toco ou não toco o sino para receber uma fortuna e viajar para o outro lado do mundo?

Na prática meditativa, no Zazen (sentar-se em Zen), muitas vezes aguardamos que alguém toque o sino para o início ou para o final de um período de meditação.

De outras vezes, o sino nos surpreende. Toca sem que esperássemos nada.

O sino me acompanha ou sou eu que acompanho o sino?

Algumas vezes eu toco o sino.

Algumas vezes o sino me toca.

Algumas vezes o sino toca o sino.

D'outras vezes sou eu comigo mesma.

Quando as dualidades são deixadas de lado, existe apenas tlim Zanze tlim

Mãos em prece.

GABRIELA, CRAVO E CANELA, DE JORGE AMADO, POR NELSON MOTTA

O livro que mudou minha vida foi *Gabriela, cravo e canela*, de Jorge Amado, que li nas férias de verão de 1958 na Fazenda Ermitage, em Teresópolis, com 13 anos de idade.

Leitor ávido desde alfabetizado, tinha lido todos os vinte volumes dos *Tesouros da Juventude*, toda a obra infantil de Monteiro Lobato, a ficção científica de Júlio Verne, *A ilha do tesouro*, de Robert L. Stevenson, *Song-Kay, o pirata*, de Emilio Salgari, *As aventuras de Tom Sawyer* e *As aventuras de Huckleberry Finn*, de Mark Twain, e outros clássicos juvenis que me levavam a mundos de fantasia e aventuras, de coragem e heroísmo, de justiça e companheirismo. Mas nada de mulheres, de romances e de sexo.

Gabriela tinha tudo isso e muito mais. Foi o primeiro livro adulto que li, e que me revelou a sensualidade das cores e do povo da Bahia, das roupas, das frutas tropicais, da pele morena, dos longos cabelos cacheados e lábios cor de açaí. Explodindo de testosterona, reli o romance tórrido da quituteira com Nacib em cada detalhe, saboreando a nudez e a entrega de Gabriela, chamando Nacib de "moço bonito", rebolando pela rua com o tabuleiro de quitutes na cabeça rumo ao Bar Vesúvio.

Completamente apaixonado por Gabriela, me senti traído quando ela traiu Nacib, e logo com um bundão como Tonico Bastos; com o coração apertado sofri com a dor de corno de Nacib como se fosse minha, vibrei quando ele voltou para Gabriela e a perdoou, contrariando a tradição machista de matar as adúlteras. Imaginei mil vezes a noite do reencontro com Gabriela, a saudade afrodisíaca, a fúria de dar e receber prazer.

Era todo um mundo novo, um cenário de matas e praias virgens, cheio de paixões, de guerras entre coronéis e seus jagunços, de sexo, de prostitutas, de fofocas e maledicências de cidade pequena, da luta do jovem Mundinho Falcão para modernizar Ilhéus contra a velha ordem do coronel Ramiro Bastos. E no final Mundinho se torna o novo coronel Ramiro, para que a ordem não mude.

Descobri fascinado que existia uma coisa como o Cabaré Bataclan, com sua *jazz band* e aquelas mulheres dançando seminuas, onde se poderia escolher qualquer uma e pagar para fazer sexo com ela. Juntaria o dinheiro que fosse, pensava, mas com 13 anos tinha poucas chances.

Com os hormônios borbulhando, Gabriela foi o despertar do sexo para mim. E a primeira vez nunca se esquece.

Foi uma mudança e tanto. Descobri que histórias de amor não eram só para meninas. Então, além do sexo, foi a descoberta do amor, idealizado no encontro de Nacib e Gabriela. Foi também a descoberta de Jorge Amado. Depois viajei com *Capitães da areia*, *Mar morto*, *Jubiabá*, *Terras do sem-fim*. E passei a ler seus livros assim que saíam, começando com *A morte e a morte de Quincas Berro Dágua* e indo até *A descoberta da América pelos turcos* com imenso prazer, sem nunca me decepcionar. Sem desconfiar que algum dia seria jornalista e escritor, encontrava nele meu mestre da narrativa, com seu estilo claro e fluente, exuberante como seus cenários e personagens, e ainda fazia, sem notar, uma educação política através de seu humanismo diante da injustiça social, do racismo e do machismo.

Gabriela se tornou para mim um ideal de beleza e sensualidade, seu amor por Nacib, que eu via como um turco narigudo e feioso, me comovia. Será que algum dia alguém me chamaria de moço bonito, mesmo eu sendo magrelo, dentuço e feioso?

Um ano depois, como contei em minha autobiografia, *De cu pra lua: dramas, comédias e mistérios de um rapaz de sorte*, Gabriela continuava em meus sonhos e entrou em minha vida quando minha mãe contratou uma cozinheira de 23 anos, uma baiana cor de canela, linda, de nariz fino, lábios grossos sorridentes e olhos brilhantes. Era muito alegre, simpática e educada, com um corpo esguio que se revelava sob as roupas leves. E cozinhava muito bem. Só não se chamava Gabriela, mas Lurdes.

Nelsinho logo gostou dela. E, aparentemente, ela também dele. Lurdes sempre o olhava e sorria de um jeito que o deixava louco de tesão. E lá ia Nelsinho tocar uma punheta pensando nela.

Num sábado em que os pais viajaram com suas irmãs, Nelsinho estava estudando piano na sala, tocando o "Samba de Orfeu", e ela veio ouvir toda animada. Começou a dançar, rebolando, levantando a saia e mostrando as coxas morenas. Sentou-se no banco do piano ao seu lado; seu corpo tocava o dele, que sentia as coxas dela, o pau começando a endurecer. Até que Lurdes se levantou e disse que ia tomar banho. E o chamou. Nelsinho a seguiu até o chuveiro. Lá estava ela, nua sob a água, o corpo moreno se mexendo, os dentes brancos e lábios carnudos sorrindo e o chamando.

Que emoção beijar pela primeira vez uma mulher de verdade, que enfiava a língua em sua boca, e ele sem saber direito o que fazer, que apertava seu corpo contra o dele debaixo do chuveiro. Sempre sorrindo, Lurdes se encostou na parede, abriu um pouco as pernas e se ofereceu. Ela o abraçou e começou a se remexer até que ele gozou pela primeira vez com uma mulher.

Parecia com aquelas velhas histórias de sinhozinhos e escravas, mas isso nunca passou pela cabeça de Nelsinho. Não foi ele quem a assediou; foi ela que o seduziu e se divertiu com ele. Já que transar com uma garota da sua idade, todas virgens, era impossível, a alternativa para a perda da virgindade eram as putas. Ou as empregadas domésticas. Havia garotos — e pais — que tentavam estuprá-las como se lhes pertencessem. Alguns pais insistiam em levar os filhos ao bordel, e os garotos se viam apavorados, alguns brochavam. Muitos ficavam intimidados com as mulheres; outros se apaixonavam. A sorte de Nelsinho foi ter cruzado com Lurdes, que transou com ele porque estava com vontade. Pena que foi só uma vez... Pouco depois, sentindo cheiro de queimado, sua mãe a despediu. Nelsinho chorou.

ON THE ROAD,
DE JACK KEROUAC,
POR PAULO RICARDO

On the road, de Jack Kerouac, é possivelmente o livro mais rock 'n' roll da literatura contemporânea.

Curiosamente, foi lançado em 1957 nos EUA pela Viking Press, no olho do furacão da revolução causada por Elvis, Chuck Berry e Little Richard, entre outros, e no Brasil, com tradução de Eduardo Bueno, o Peninha, pela Brasiliense em 1984, com quase trinta anos de atraso. Mas, enfim, ilhados pela censura e pela ditadura, tudo o que era contracultura, incendiário ou polêmico levava muito tempo para chegar aqui ou simplesmente não chegava. *Je vous salue, Marie*, o filme de Jean-Luc Godard, por exemplo.

Mas também foi o tempo que o rock nacional levou para amadurecer e, de Celly Campello a Roberto e Erasmo, chegar a Mutantes, Rita e Raul, e se transformar num fenômeno de massa nos anos 1980.

Minha banda, Revoluções por Minuto, o RPM, lançava seu primeiro *single*, "Louras geladas", justamente em 1984, enquanto eu decidia se deveria voltar para concluir o curso de Jornalismo na Escola de Comunicação e Artes da USP, onde conheci Marcelo Rubens Paiva, que surfava no enorme sucesso do *best-seller Feliz Ano Velho*, também da Brasiliense, e era meu vizinho nos Jardins, em São Paulo. As artes como um todo floresciam exuberantemente, da poesia de Caio Fernando Abreu aos grafites da Rainha do Frango Assado de Alex Vallauri, do

Teatro do Ornitorrinco, em São Paulo, e do Asdrúbal Trouxe o Trombone, no Rio, aos quadrinhos de Glauco, Laerte e Angeli, sem falar na efervescente cena musical do *underground*, com bandas de diferentes formas e estilos se multiplicando por casas noturnas como Napalm, Rose Bom Bom e Madame Satã, em São Paulo, e no Circo Voador e no Crepúsculo de Cubatão, no Rio. Diretas Já! Festival punk no Sesc Pompeia! Festival de Águas Claras, o barato de Iacanga, nosso Woodstock com mais de uma década de atraso. Para nós, era como se os anos 1980 fossem os novos 60, *Brazilian way*!

Eu e Marcelo saíamos pela noite em seu Corcel II vermelho, entrando e saindo de shows, bares e festinhas, cruzando a Via Dutra como se o Rio e São Paulo fossem apenas dois bairros da mesma megalópole, e eu, dublê de motorista e piloto de cadeira de rodas, muitas vezes subia perigosamente as escadas de prédios sem elevadores com ele nas costas. Foi Marcelo quem me levou a uma reunião na gravadora CBS, onde entreguei minha *demo tape* para o presidente Tomás Muñoz, e foi ele quem escreveu nosso primeiro *press release*. Eu me sentia o próprio Sal Paradise e Marcelo era sem dúvida meu Dean Moriarty... ou seria o contrário?

Caia na estrada e periga ver. Novos Baianos, nossa mais completa tradução do movimento hippie, já combalido pelo advento do punk e dos yuppies, seduziu minha geração como um encantador de serpentes e, sem sombra de dúvida, o sentido da vida estava ali, na estrada, *on the road*. A incrível jornada de Jack Kerouac e seu frenético diário de bordo me deu a certeza de que havia encontrado minha tribo. Artistas, músicos, poetas malditos, *beatniks*, mochileiros, ciganos, filhos de santo, marginais, drogados, boêmios, sonhadores incuráveis, roqueiros kamikaze que ardem, queimam até a última ponta e preferem morrer a envelhecer. O que importa é a jornada, não a chegada. O caminho do excesso leva ao palácio da sabedoria, dizia Robert Blake. Jim Morrison e as portas da percepção, o LSD de Timothy Leary, Miles Davis, Bob Dylan, a heroína de Lady Day e das lendas do jazz, Jimi Hendrix, Janis Joplin. O segredo estava na estrada, o cálice sagrado. Eu acabara de voltar de Londres e tudo aquilo fez um enorme sentido para mim.

Pode-se dizer que *On the road* foi uma espécie de *big bang* literário. Antes do rock havia o jazz e o bebop, mas o álcool, as drogas, a loucura e a transgressão sempre estiveram presentes "*on the wild side*", essa busca incessante, essa intensidade insuportável dos vinte e poucos anos, esse *bromance* desde Rimbaud e Baudelaire, dois perdidos numa noite suja. Plínio Marcos, Chacal e mesmo Cazuza, o sexo, drogas e rock 'n' roll como religião. A partir dali pode-se construir uma narrativa cinematográfica que passa por *Easy rider* e *Bye Bye Brasil*, uma ponte no tempo e no espaço que desconsidera o hiato da ditadura militar e nos recoloca no aqui, agora, ainda que com um enorme *delay*. Nosso tempo é agora!

Esse livro permanece como um marco, um divisor de águas, um manifesto. Um encontro marcado comigo mesmo. Marcelo Rubens Paiva continua sendo um dos meus melhores amigos e eu continuo na estrada até hoje, *rocking and rolling!*

EM BUSCA DO TEMPO PERDIDO,
DE MARCEL PROUST,
POR PEDRO CORRÊA DO LAGO

Em busca do tempo perdido (*À la recherche du temps perdu*), de Marcel Proust, romance francês do início do século XX com três mil páginas divididas em sete volumes, não só mudou como continua mudando minha vida.

Como pode um livro "mudar a vida"? Quando traz uma revelação, ou fornece um ensinamento? Ao encorajar uma vocação, indicar um caminho ou apenas por enriquecer o leitor de forma constante e inesgotável? Para mim, a *Recherche* tem sem dúvida esse último aspecto: o prazer permanente que o livro me traz há mais de quatro décadas, oferecendo-me alegrias e estímulos sempre renovados, como nenhum outro texto literário.

Mas a sedução não foi imediata. Meus estudos secundários aconteceram em países em que segui meu pai, diplomata, em colégios franceses onde a obra de Proust fazia parte do currículo. Assim como muito daquilo que é obrigatório, sua leitura perdeu com isso o atrativo que poderia ter tido para um menino de 15 anos. Esse primeiro contato infeliz deixou-me mal predisposto por um bom tempo. Um dia, por volta dos vinte anos, expressei meu tolo preconceito a uma pessoa que eu respeitava. Sugeriu-me uma nova tentativa de leitura usando argumentos que hoje esqueci, mas me soaram na época convincentes.

Foi um dos melhores empurrões que recebi na vida. Desde então a leitura de Proust tem sido um encantamento sem fim.

Não por acaso o pensador inglês Alain de Botton lançou há mais de vinte anos, com grande sucesso mundial, um livro cujo título é bastante alinhado com o propósito desta coletânea: *Como Proust pode mudar sua vida*. O livro é escrito com brilho, como uma paródia de texto de autoajuda. Fosse Botton convidado por José Roberto, um resumo de seu livro bem lhe serviria para responder ao chamado de nosso organizador...

Já meus argumentos seriam um pouco diferentes e tentariam atender à indagação: de onde vem essa sedução intensa que toca sensibilidades tão diversas na Europa, nos Estados Unidos, na América do Sul ou mesmo no Japão, onde Proust conta com uma legião de estudiosos e admiradores? A resposta simples seria que a grande qualidade literária sempre encontra seu público, mas o entusiasmo delirante que Proust suscita há mais de cem anos deve ter uma explicação mais ampla, que só me atrevo a tentar adivinhar.

O alcance de Proust não se deve, a meu ver, à trama do romance, que parece secundária no encantamento que o livro produz. Hoje eu até mesmo aconselharia, a quem tenha a sorte de não ter ainda lido Proust, a começar pelo último volume, *O tempo reencontrado*, em que o enredo, fazendo eco ao título, encontra algum tipo de desenlace. Com isso, o leitor aproveitará talvez melhor os volumes anteriores, já sabendo onde desembocam os personagens.

O mundo que Proust evoca em seu livro é minúsculo, mas seu texto consegue lhe atribuir valor universal. O longo relato passa-se quase todo entre a aristocracia e a alta burguesia francesas da virada do século XIX para o XX, ambiente pouco familiar à maioria avassaladora dos leitores. Inicialmente, muitos não reagiram bem ao meio que Proust escolheu retratar. Até mesmo um leitor com o poderoso intelecto de Jean-Paul Sartre preferiu rejeitar publicamente a obra de Proust, cobrando-lhe sobretudo seu contexto. (Há quem ache, porém, que Sartre era inteligente demais para não ter se deixado seduzir pela leitura de Proust, mas que o endossar não seria politicamente oportuno.)

Não foi apenas Sartre que rejeitou Proust. Mesmo antes dele, o impensável alcance de tal obra dificilmente poderia ter sido percebido pelos contemporâneos de seu autor. Até os primeiros fãs da *Recherche* ficaram mais inebriados pela novidade de sua proposta que por antever sua importância para a evolução da literatura. Não que o livro propusesse qualquer experimentação formal que revolucionasse a língua. Tratava-se de um relato clássico, sem grandes invenções, a não ser talvez frases intermináveis que pareciam aos primeiros críticos carregar demasiados galhos inúteis agregados ao tronco principal. Impressionava a extensão do vocabulário? Também, mas se exigia de Proust uma clareza que seu estilo suntuoso não deixava óbvia. Toda essa miopia no julgamento imediato de um livro inclassificável parece cem anos mais tarde quase risível, mas se explica pela surpresa que uma obra tão avassaladora como a de Proust não poderia deixar de provocar, em qualquer tempo em que surgisse.

No Brasil, Proust demorou um pouco a angariar leitores antes das magníficas traduções publicadas nos anos 1940 e 1950 pela editora Globo, de Porto Alegre. Cada volume foi dado a um grande escritor, como Carlos Drummond de Andrade, Manuel Bandeira, Mário Quintana e Lúcia Miguel Pereira. Se o conjunto é desigual, a qualidade da tradução é notável e há momentos mágicos de inspirada recriação em português da frase proustiana.

Mais recentemente, em 2007, Arnaldo Jabor publicou um texto intitulado "Proust é tudo", em que se pergunta: "Como pude viver tanto tempo sem conhecer esse grande herói da solidão da arte?" Ecoando a experiência de muitos leitores, Jabor diz: "Nos últimos cinco meses não fiz outra coisa senão ler a obra completa [...] e agora que acabei, tenho vontade de começar de novo, como se a vida se me esvaísse e eu precisasse de novo alento. Fechei o livro como se perdesse um amigo." Lembro de ter-lhe dito na época: "O amigo estará sempre lá, Arnaldo, esperando que voltemos a visitá-lo para voltarmos a nos envolver..."

O que Proust consegue extrair de histórias passadas no meio que frequentou é nada menos que fenomenal. Seu pequeno mundo torna-se o laboratório de todas as vivências humanas e lhe serve de pretexto para uma exploração fascinante dos limites e mistérios da memória. A atração irresistível que provoca no jovem narrador a perspectiva de uma brilhante vida mundana é seguida por uma intensa decepção justamente ao experimentar tudo aquilo com que havia sonhado. Como explicar que de uma argila tão rala um gênio solitário possa moldar um monumento como a *Recherche*, em que o leitor encontra toda a extensão imaginável e inimaginável da experiência humana? Esse milagre só a leitura de Proust pode comprovar, e, mais que sua leitura, a frequentação de sua obra.

Na verdade, a infinita riqueza do texto de Proust está no que podemos descobrir de precioso ao abrir o livro em qualquer de suas milhares de páginas. Um trecho escolhido a esmo invariavelmente trará uma inspiração, um *insight*, suscitará uma reflexão que encontra eco na experiência pessoal do leitor e o faz redescobrir suas próprias sensações, sentimentos e emoções sob a luz renovada da observação proustiana.

A incrível inteligência e a sensibilidade única de Proust tornaram possíveis a riqueza e variedade de suas imagens, a justeza de sua percepção, a originalidade de suas comparações, o humor por trás do drama e a intricada exuberância de seu estilo, que provocam no leitor uma infinidade de momentos de exaltação.

Nada de humano é indiferente a Proust, nem consegue escapar a seu olhar. Parece que ele compreendeu, e nos faz vislumbrar, toda a gama possível dos sentimentos e emoções desde a infância até a velhice. Antes dele talvez somente Shakespeare tenha deixado uma criação literária tão abrangente e profunda.

No meu caso pessoal, essa admiração desmedida pelo texto de Proust suscitou também um interesse intenso por sua vida e sua época. Minha paixão por colecionar manuscritos originais levou-me assim a adquirir, ao longo de décadas, centenas de peças ligadas ao mundo de Proust, entre cartas, fotografias, desenhos e manuscritos, tanto dele quanto das figuras que o cercaram ou inspiraram seus personagens. Juntar essas peças trouxe-me imensas satisfações, mas de natureza totalmente diversa do prazer agudo acessível a qualquer leitor de Proust.

O colecionador entusiasta tem apenas o privilégio de agregar com suas peças originais mais uma camada ao gozo da leitura.

Ler Proust não foi para mim um divisor de águas, uma iluminação súbita, nem indicou qualquer direção decisiva como talvez deva ser esperado de um livro que "muda a vida". Mas, nos últimos quarenta anos, ler e reler *Em busca do tempo perdido* tem me ajudado a viver muito melhor.

FRANKENSTEIN, DE MARY SHELLEY, POR PEDRO PACÍFICO

Eu sempre tive dificuldade em escolher os meus "preferidos" em diversos temas. Seja em relação a músicas, filmes, bandas, artistas e — sobretudo — livros. Tenho a impressão de que adotar um favoritismo implicaria abrir mão de muita coisa boa de que gosto e que teve um papel importante em minha vida. Sei que essa ideia é "tudo coisa da minha cabeça" e que expressar um gosto especial para determinado título não me fará desleal em relação aos demais, mas confesso que essa sensação fica ainda mais forte quando a pergunta se refere aos livros — o que, por conta da incrível experiência de ter um perfil literário nas redes sociais, acaba acontecendo várias vezes ao dia.

E para cada uma dessas perguntas, acabo respondendo sempre algo parecido: eu tenho diversos livros preferidos, sendo que cada um deles me marcou de uma forma diferente, a depender do momento de vida na época em que me debrucei sobre aquelas páginas. Isso significa que uma leitura marcante feita aos 18 anos talvez não impacte tanto o Pedro de hoje. E isso também se aplica a algum livro lido recentemente, e que não consigo tirar da minha cabeça, mas que muito provavelmente teria passado despercebido há alguns anos.

E toda essa introdução serve apenas para tentar "justificar" a minha escolha de *Frankenstein ou o Prometeu moderno*, de Mary Shelley, como um livro que mudou a minha vida. Publicada em 1818, a obra que virou um clássico da literatura impressiona por vários motivos. No entanto, antes de abordar essas particularidades, vale dizer que, se você nunca leu esse livro, esqueça toda a imagem de *Frankenstein* que a cultura pop contemporânea colocou em nossas cabeças. Eu comecei a leitura com uma ideia totalmente errada do que estaria me esperando e me senti até mesmo constrangido por limitar meu entendimento sobre essa narrativa a uma simples história de um monstro e um cientista — para dizer o mínimo — ambicioso.

Em relação aos motivos que me impressionaram na obra da autora inglesa, um dos que mais me chamaram a atenção foi o fato de Mary Shelley ter escrito o livro quando tinha apenas 19 anos. E isso me espanta porque não consigo comparar a maturidade que a obra atinge ao tratar de temas sensíveis e humanos com a minha visão sobre esses assuntos quando eu tinha a mesma idade que a autora. À frente de seu tempo, a autora ainda conseguiu publicar um livro em uma época em que isso não era uma atividade de mulher. A sociedade inglesa do início do século XIX era extremamente machista e a mulher deveria ocupar um papel preestabelecido na estrutura social. Mas a autora questionou e desafiou, criando uma história, sim, de terror. O terror de quem poderíamos ter sido ou no que podemos nos transformar se alimentarmos os monstros que temos dentro de nós.

Quando escrevo que *Frankenstein* é muito mais que uma simples história de um monstro, é porque Mary Shelley consegue, por meio de sua narrativa, construir o psicológico de um adulto "recém-nascido", capaz de analisar as situações a sua volta, mas ao mesmo tempo livre de qualquer pré-julgamento social.

Ao dar vida a uma criatura — que não gosto de chamar de monstro —, Dr. Victor Frankenstein abandona no mundo *alguém* com uma consciência, com sentimentos e sem qualquer entendimento da sociedade. E é incrível acompanhar as primeiras impressões da criatura ao se deparar com uma sociedade tão complexa e cheia de problemas. O puro e ingênuo confronta aquela ideia de certo que aprendemos desde criança — e que muitas vezes deixamos de questionar.

A criatura não consegue entender o motivo de tantos julgamentos que sofre. Seria sua aparência que o faria ser o "monstro" que os outros o acusam de ser? Mas se ela "nasceu" assim, por que a culpariam por isso? São questionamentos simples como esses que começam a passar na cabeça do personagem. E já é nesse momento inicial que a ideia preconcebida que eu tinha da criatura como um monstro passou a perder força. Ao nos mostrar essa história a partir da perspectiva da criatura, dando voz a quem é julgado, Mary Shelley nos mostra como podemos nos enganar com quem seriam os monstros das nossas histórias. Nesse caso, talvez monstro seja outra pessoa, aquele que cria e abandona? Aquele que julga sem conhecer? Com apenas 19 anos, Mary Shelley nos convida a refletir sobre os "monstros" que habitam em cada um de nós.

E foi isso que fiz. *Frankenstein* mudou a minha vida porque foi lido em um momento em que eu precisava questionar os monstros que eu carregava comigo e que eu vinha criando com base no que fui aprendendo como "certo" ao longo da minha vida. Em janeiro de 2020, aos 27 anos, li essa obra quando estava passando por um dos momentos mais importantes da minha vida, em que vivenciava um conflito com um dos principais monstros que havia criado: a minha verdadeira sexualidade, que eu nunca poderia exprimir.

Mas diferente da criatura que não podia esconder a sua aparência tida como monstruosa, desde os primeiros momentos que percebi que talvez eu pudesse ser um daqueles que a sociedade julgava como errado, passei a esconder o fato de eu ser gay para quem vivia a minha volta. E foi assim que, aos poucos, passei a me identificar com o que a criatura passava e no que ela acabou se transformando após sentir a rejeição e o julgamento de pessoas contra quem nunca havia feito nada.

É verdade, diferentemente da criatura, por ter escondido a minha orientação sexual por toda a adolescência e início da vida adulta, não fui vítima de discriminações. Mas o simples fato de reprimir uma parte de quem eu era, e ver que eu poderia ser julgado por uma sociedade preconceituosa, me transformou em alguém diferente de quem venho passando a conhecer. Assim como a criatura, vivia com receio da opinião dos outros e com medo de uma iminente rejeição.

Também não estou querendo dizer que os comportamentos da criatura no livro são todos corretos ou admiráveis. A criação de dr. Frankenstein foi, com certeza, vítima e fez vítimas. E, assim, Mary Shelley mais uma vez nos faz questionar sobre a nossa tendência natural de tentar classificar tudo como certo ou errado. Aqui não há uma visão maniqueísta de bem ou mal, mas, sim, conseguimos perceber que esses dois extremos se misturam e se confundem em cada um dos personagens. Entendi, portanto, que não havia certo ou errado em quem eu era e que nunca poderia me deixar julgar por pessoas contra quem nunca havia feito mal algum.

A criatura, por sua vez, não teve a sorte que eu tive de poder perceber que esse monstro que eu carregava era, em sua maior parte, alimentado pelos meus próprios medos e pensamentos e que, depois que eu me aceitasse, e com ajuda de muitos a minha volta, o monstro interno perderia força. Para o personagem tão lindamente criado por Mary Shelley, o abandono e a rejeição venceram sobre um ser totalmente desamparado.

Ler *Frankenstein* foi, com certeza, um marco na minha experiência de "sair do armário" e poder aceitar quem eu sou. O sentimento de compaixão que senti pela criatura não sai da minha memória. E é justamente isso que faz da obra um verdadeiro clássico: conseguir impactar um leitor passados mais de duzentos anos de sua publicação. Ao humanizar uma criatura aparentemente repugnante, a autora aborda temas universais, da nossa própria condição humana, e que conferem a um texto uma característica atemporal.

Aos 19 anos, Mary Shelley conseguiu deixar sua marca na literatura, uma marca em mim e em muitos outros leitores nesses anos. Dando voz àquele que todos julgavam ser um monstro, a autora desafia o certo e o errado e desperta reflexões de extrema importância no leitor, que ao final se pergunta: quem são os verdadeiros monstros de nossas próprias histórias?

ZEN E A ARTE DA MANUTENÇÃO DE MOTOCICLETAS, DE ROBERT M. PIRSIG, POR RICARDO RANGEL

Não é fácil dizer de que se trata *Zen e a arte da manutenção de motocicletas: uma investigação sobre os valores*, de Robert M. Pirsig. É mais fácil dizer do que *não* se trata: não é sobre motocicletas; e não se pode dizer que seja propriamente sobre o zen.

O livro é uma *road novel*, um relato romanceado da viagem de moto, atravessando os EUA, que fazem o autor, seu filho pré-adolescente Chris e um casal de amigos, John e Sylvia. É também, em nível mais profundo, o relato da viagem intelectual do autor, que medita a respeito de sua vida e de seu olhar sobre o mundo, mas também sobre suas questões pessoais e seus demônios. E, em nível ainda mais profundo, é o relato da viagem de busca intelectual, e vital, de alguém chamado "Fedro".

À medida que a viagem avança, o autor reflete, em longos monólogos interiores, se debruça sobre diferentes maneiras de enxergar o mundo e sobre a trajetória de seu *alter ego* Fedro, assombração de uma vida passada, espécie de versão 1.0 de si mesmo.

É um livro de filosofia, sobre compreensão do mundo. O autor considera que existem duas maneiras de compreender o mundo, uma, que ele denomina "romântica", que percebe a aparência imediata das coisas, e outra, que denomina "clássica", que busca sua natureza subjacente. Escreve Pirsig:

A compreensão clássica vê o mundo acima de tudo como a própria forma subjacente. A compreensão romântica o vê, antes de mais nada, em termos de aparências imediatas. Se a gente mostrar a um romântico um motor, uma planta ou um esquema de eletrônica, ele certamente não se interessará muito. Essas coisas não o atraem, porque o que ele está vendo é a superfície. Relações maçantes e complicadas de nomes, linhas e números. Nada de interessante. Mas se a gente mostrar a mesma planta ou esquema, ou fizer a mesma descrição a um clássico, ele ficará fascinado, porque ele vê sob aquelas linhas, formas e símbolos toda uma riqueza de formas subjacentes.

A modalidade romântica baseia-se, acima de tudo, na inspiração, na imaginação, na criatividade e na intuição. Predominam os sentimentos, em vez dos fatos. A arte que se opõe à ciência é geralmente romântica. Ela não funciona em termos de razão, nem obedece a leis. Funciona na base do sentimento, da intuição e do senso de estética. Nas culturas nórdicas, o romantismo é geralmente associado à feminilidade, mas tal associação é meramente fortuita.

A modalidade clássica, entretanto, parte da razão e obedece a normas — que são, por sua vez, formas subjacentes de pensamento e comportamento. Nas culturas europeias, é uma modalidade predominantemente masculina. E é principalmente por isso que as áreas da ciência, direito e medicina não atraem as mulheres. Embora as viagens de moto sejam românticas, a manutenção das motos é puramente clássica. A sujeira, a graxa necessária ao domínio sobre a forma subjacente lhe emprestam tão pouco fascínio, que as mulheres nem querem saber dela.

Embora geralmente haja fealdade superficial na modalidade clássica de compreensão, tal fealdade não lhe é inerente. Existe uma estética clássica, que não chama a atenção dos românticos por ser muito sutil. O estilo clássico é direto, objetivo, simplificado, seco, econômico e cuidadosamente dimensionado. Não visa inspirar emocionalmente, mas organizar o que está confuso e conhecer o que é desconhecido. Não é um estilo esteticamente livre e espontâneo. Sua estética é controlada. Tudo nele está sob controle. Mede-se o seu valor em função da habilidade com que se mantém esse controle.

Para os românticos, essa modalidade clássica parece, muitas vezes, maçante, feia e esquisita, como a própria manutenção das motocicletas. Tudo o que se faz envolve peças, componentes, relações. Nada é concebido sem ter passado pelo computador pelo menos uma dúzia de vezes. Tudo tem que ser medido e provado. É um estilo sufocante, pesado, completamente sem graça. Uma força mortal.

Em compensação, os clássicos também têm seus preconceitos em relação ao estilo romântico. É frívolo, irracional, extravagante, instável, interessando-se predominantemente pela procura do prazer. Superficial. Sem conteúdo. Os românticos são geralmente parasitas, não podem consigo mesmos, um autêntico peso morto nas costas da sociedade. Agora essas linhas de conflito devem estar se tornando bastante familiares.

É essa a raiz do problema. As pessoas tendem a pensar e a sentir exclusivamente de acordo com uma dessas modalidades, e ao fazê-lo tendem a interpretar mal e a subestimar o significado da outra modalidade. Como ninguém está disposto a renunciar ao seu modo de enxergar a realidade, que eu saiba, até hoje ninguém conseguiu conciliar essas duas verdades ou modalidades. Não existe um ponto de união entre as duas visões da realidade. Por isso, nos últimos tempos, observou-se uma enorme ruptura entre a cultura clássica e a contracultura romântica – dois mundos cada vez mais isolados um do outro e detestados um pelo outro, todos especulando sobre o futuro, se será sempre assim mesmo, uma casa dividida em dois lados antagônicos. No fundo, ninguém quer isso – apesar do que os antagonistas, do outro lado, possam estar pensando.*

---

* Tradução de Celina Cardim Cavalcanti para a edição da Editora Paz e Terra, 1984.

Essa dicotomia entre "clássico" e "romântico" tem clara origem nas ideias dos filósofos gregos Platão, que dividiu o mundo entre realidade (verdadeira, mas de difícil acesso) e aparência (de fácil acesso, mas falsa e enganosa), e Aristóteles, que dedicou sua vida a definir e classificar as coisas.

Não é difícil perceber que, 2.500 anos mais tarde, a dicotomia proposta pela antiga filosofia grega persiste e se estende e replica, no mundo ocidental, por toda parte: função e forma; razão e emoção; objetivo e subjetivo; ciência e religião; ética e estética; masculino e feminino; o detalhe e o todo; os hemisférios direito e esquerdo do cérebro etc. etc. Para onde quer que se olhe, há duas abordagens opostas, conflitantes, incompatíveis, mutuamente excludentes.

Como diz o autor, essas duas maneiras de compreender o mundo determinam como as pessoas — as ocidentais, pelo menos — são, pensam e veem a si mesmas e ao mundo. No limite, o clássico é alguém a quem falta imaginação (que se irrita ao ver arte abstrata, por exemplo), enquanto o romântico é alguém que não consegue dar atenção a detalhes (e se exaspera diante de um manual, por exemplo).

Há uma ironia e um paradoxo aí. Os românticos mal reconhecem a existência da divisão e tendem a acreditar que a aparência é praticamente tudo o que há. A dicotomia só faz sentido para os clássicos — e estes tendem a considerar a aparência imediata algo superficial, menor, e a não levá-la muito a sério. O resultado é que os dois grupos tendem a não se enxergar e não se entender. E ninguém tem a visão holística.

A divisão se manifesta com clareza durante a viagem em si. Pirsig e os amigos John e Sylvia viajam de motocicleta, mas sua relação com a máquina que têm um e outros é totalmente diferente. Pirsig, clássico, compreende perfeitamente como funciona a motocicleta e cuida pessoalmente de sua manutenção; John e Sylvia, românticos, não têm noção do funcionamento da máquina em que viajam (e nem querem ter). Pirsig se esforça para compreender os amigos, mas não consegue; os amigos não o compreendem — nem mesmo tentam.

Paralelamente ao relato da viagem, o autor conta a história de Fedro, menino prodígio, que, adulto, se desaponta com a ciência e a razão, que julga insuficientes para explicar a realidade. Fedro, que estudou os gregos, mas também a filosofia oriental, acredita em uma Unidade — e não se conforma com a tradição ocidental de dividir o mundo em dois polos opostos e incompatíveis. Para ele, adotar um dos lados significa, por definição, abrir mão de tudo o que o outro oferece.

Fedro se conforma ainda menos com a visão dominante no Ocidente de que a compreensão clássica seja essencialmente superior à romântica. Acredita que o problema da humanidade está não no excesso ou na falta de soluções científicas ou tecnológicas, mas na suposição equivocada de que a razão e a objetividade devem ser as únicas bases para essas soluções. Para ele, ao insistir na ciência e na tecnologia, o ser humano abre mão das emoções, da inspiração, do *insight*.

Fedro procura algo, algum princípio superior, que concilie e unifique as compreensões clássica e romântica do mundo. Chega à conclusão de que esse princípio deve ser a Qualidade, algo que não consegue definir, não sabe se ela é objetiva ou subjetiva, mas como tanto clássicos como românticos concordam em que certas coisas são melhores do que outras (mesmo que eventualmente discordem sobre o que é melhor ou pior), a Qualidade é algo que não apenas existe, mas precisa estar acima da cisão clássico/romântico.

Como o ato de definir alguma coisa é parte do ferramental clássico, e a Qualidade é (deve ser) algo anterior e superior à divisão entre clássico e romântico, ela seria, assim como o Tao — a ordem natural do universo nas filosofias do Extremo Oriente —, necessariamente indefinível. "O Tao sobre o qual se pode discorrer não é o verdadeiro Tao", formulou o filósofo chinês Lao-Tsé.

Para alcançar a paz de espírito, Fedro necessita encontrar uma maneira de unir o técnico e o emocional, o objetivo e o subjetivo — mas, sendo ele próprio um clássico, não consegue escapar de tentar definir a Qualidade. Esse esforço se torna uma obsessão e o leva, literalmente, à insanidade. Fedro (ou melhor, Pirsig) acaba internado em vários sanatórios e submetido a terapia com eletrochoques. Sua vida e seu casamento desmoronam.

A viagem de Pirsig, assim como o próprio *Zen e a arte da manutenção de motocicletas*, é uma tentativa de encontrar um novo rumo após uma interrupção traumática; compreender o que aconteceu antes, para poder seguir em frente de outra maneira.

Zen e a arte da manutenção de motocicletas é um esforço de conciliação de duas formas de compreensão do mundo, entre o humanismo e o progresso tecnológico, mas é também um esforço de reconciliação em um nível mais íntimo e pessoal, do autor com seu passado, consigo mesmo, com seus amigos, com seu filho. Um esforço de perceber o outro, de entender, de não julgar. O ponto de virada no relacionamento entre o autor e o filho é especialmente feliz como ilustração do sucesso desse esforço.

Chris, criança pequena quando da internação do pai, se sente como se tivesse sido abandonado, e tem mágoa. Desconectado do pai, Chris não sabe bem o que está fazendo naquela viagem, acha tudo tedioso e tem uma atitude frequentemente hostil. O pai, em contrapartida, não entende como o filho pode não aproveitar uma viagem tão especial, irrita-se com sua hostilidade e acaba sendo ríspido. O relacionamento entre os dois é difícil por boa parte do romance, e o autor chega a considerar mandar o filho de volta para casa e seguir viagem sozinho.

Até que o autor percebe que, enquanto ele próprio está fazendo uma viagem maravilhosa, vendo toda a paisagem, tudo o que o filho vê, sentado atrás dele, são as costas do pai: para Chris, a viagem é a coisa mais chata do mundo. No instante em que o autor sai de seus próprios pensamentos e de fato *enxerga* o filho, tudo muda. O autor passa Chris para a sua frente, o filho passa a enxergar o que há em volta, a dinâmica entre os dois muda, e uma amizade sincera começa a ser construída.

Li *Zen e a arte da manutenção de motocicletas* aos vinte anos — e foi uma revelação.

Tudo no livro era novo, intrigante, fascinante, misterioso. *Zen* me fez pensar sobre coisas que nunca tinham me ocorrido, escancarou portas para mim até então apenas entreabertas e entreabriu outras que eu não imaginava que existissem. Para usar a mais clássica das metáforas platônicas, era como se Pirsig me puxasse pela mão para fora de uma caverna escura e me mostrasse uma realidade tridimensional e multicolorida (em outros momentos, me mostrou regiões bem mais escuras e apontou alçapões impossíveis de abrir, cuja inexistência eu ignorava por completo).

Antes de *Zen e a arte da manutenção de motocicletas*, eu estava convencido de que a compreensão racional da realidade era infinitamente superior à compreensão intuitiva, a meus olhos, imperfeita, defeituosa, desnecessária. Ao ler o livro, compreendi que a abordagem racional, em sua vocação analítica, se arrisca a dar atenção excessiva aos detalhes e não perceber as coisas em sua plenitude. Percebi também a profunda arrogância e presunção de quem acredita que sua maneira de ver o mundo é por definição melhor ou mais eficaz do que outras.

Evidentemente, ler *Zen e a arte da manutenção de motocicletas* não fez com que eu deixasse de ser um clássico (nem muito menos fará com que alguém deixe de ser romântico). Nem mesmo Robert M. Pirsig, em que pese sua prática do zen budismo e seu assombroso, e literalmente ensandecido, esforço para construir uma ponte entre as diferentes abordagens, conseguiu isso: sua obra é clássica e analítica de ponta a ponta.

Mas o livro me fez perceber algumas de minhas próprias limitações, entender que o ponto de vista do outro pode ser não apenas tão válido quanto o meu, mas até mais rico ou abrangente; me fez mais sincero e profundo comigo mesmo e (espero) mais humilde, compreensivo e doce com os outros. O que está longe de ser pouca coisa.

Escrevendo este texto agora, me dou conta de que *Zen* talvez consiga, afinal, superar a divisão entre clássico e romântico. Apesar de a obra ser, ela mesma, descritiva, o ensinamento que ela transmite é surpreendentemente difícil de definir ou explicar: é algo que se aprende de maneira em parte intuitiva e imediatamente se torna indescritível. Por mais que eu me esforce (e me esforcei muito), não consigo explicar adequadamente em palavras o muito que aprendi com o livro. Se — como Lao-Tsé poderia dizer — a verdadeira Qualidade é uma Qualidade sobre a qual não se pode discorrer, parece que Pirsig chegou lá.

Quase quarenta anos depois de o ler, *Zen e a arte da manutenção de motocicletas* ainda me intriga, fascina e encanta. E permanece no alto da lista dos livros que mais me marcaram.

Sobre Pirsig

Robert Maynard Pirsig nasceu em Minneapolis, Minnesota, em 6 de setembro de 1928. Criança superdotada, com Q.I. aos nove anos estimado em 170, entrou na Universidade de Minnesota, para estudar bioquímica, aos 15. Por entender que o número de hipóteses possíveis para explicar qualquer dado fenômeno tende a infinito, frustrou-se com o método científico, desinteressou-se pelos estudos, suas notas pioraram e acabou expulso da faculdade.

Serviu no Exército americano de 1946 a 1948 na Coreia, época em que entrou em contato com a filosofia oriental. Regressou à Universidade de Minnesota, onde se formou em 1950. Também estudou filosofia na Universidade de Banaras (Varanasi), na Índia, e na Universidade de Chicago, e fez um mestrado em jornalismo. Em 1958, tornou-se professor titular na Universidade de Montana e lecionou escrita criativa; em seguida lecionou na Universidade de Chicago.

Em 1954, casou-se com Nancy Ann James, com quem teve dois filhos, Chris (personagem importante em *Zen*, morreu esfaqueado durante um assalto em 1979) e Theodore. Após um esgotamento mental, esteve internado, entre 1961 e 1963, em diversas instituições psiquiátricas; foi diagnosticado com esquizofrenia e recebeu tratamentos de eletrochoque. Durante esse período, Nancy pediu o divórcio, que ocorreu formalmente em 1978; no mesmo ano, Pirsig casou-se com Wendy Kimball.

Antes de encontrar um editor disposto a publicar *Zen e a arte da manutenção de motocicletas: uma investigação sobre valores*, Pirsig ouviu "não" nada menos do que 121 vezes. Publicado em 1974, o livro passou dez anos na lista dos mais vendidos, alcançando uma tiragem de 5 milhões de exemplares. A revista *Time* considerou o livro um dos dez mais importantes da década. Em 1991, Pirsig publicou uma sequência a *Zen* chamada *Lila: uma investigação sobre a moral*.

Robert Pirsig morreu no Maine, em 24 de abril de 2017, aos 88 anos.

MEMÓRIAS PÓSTUMAS DE BRÁS CUBAS, DE MACHADO DE ASSIS, POR RICARDO VILLAS BÔAS CUEVA*

Como resistir à dedicatória,** que desconcerta e desarma? Como não procurar na referência a Sterne e Xavier de Maistre chaves definitivas para interpretar o texto? Como reagir à advertência de que o livro foi escrito "com a pena da galhofa e a tinta da melancolia"? Como não sucumbir ao pessimismo do último capítulo, dedicado às negativas? O que dizer da conclusão aparentemente paradoxal de que a existência do biografado resultara num saldo positivo, produto de uma dupla negativa, como a justificar os insucessos, as ilusões perdidas e a mediocridade de propósitos de Brás Cubas?***

Certamente não foram essas as questões que me assombraram quando li pela primeira vez as *Memórias póstumas de Brás Cubas*, aos 12 ou 13 anos, como obrigação escolar que logo se transformou em prazer. O que me marcou foi provavelmente o deslumbramento ao me deparar com uma obra de gênio, que poderia doravante revisitar com

---

* Ministro do Superior Tribunal de Justiça, é mestre e doutor em Direito.
** "Ao verme que primeiro roeu as frias carnes do meu cadáver dedico como saudosa lembrança estas *Memórias póstumas*."
*** "Não tive filhos, não transmiti a nenhuma criatura o legado da nossa miséria": assim termina *Memórias póstumas*, o que talvez tenha induzido a erro o editor de uma das traduções estadunidenses, denominada *Epitaph of a Small Winner* (Noonday Press, 1952), título "despropositado e interferente", na dicção de Susan Sontag ("Vidas póstumas: o caso de Machado de Assis", in *Questão de ênfase*, São Paulo, Companhia de Bolso, 2020, pp. 41-53).

alegria, com a certeza de que identificara a obra-prima do melhor escritor brasileiro de todos os tempos, ainda que essa íntima certeza já me colocasse inadvertidamente do outro lado da linha que separa aqueles que acreditam que o livro por excelência de Machado é *Dom Casmurro*.

A dedicatória, já em si, é escatológica e nos remete, de chofre, à imagem da decomposição do corpo, ao fim dos tempos (para o narrador) e a seu oposto: vida após a morte. Somente após a conclusão da vida é possível uma avaliação do que foi e do que poderia ter sido, ainda que sem pretensão à objetividade. Afinal, o reconhecimento de que as memórias são guiadas pela galhofa e pela melancolia não induz a crer na estrita acuidade dos fatos narrados. De modo original e diverso de outras obras que tratam de recapitular uma vida transcorrida, pois o narrador não se vale do artifício de apresentar documentos ou cartas encontrados após o falecimento do biografado, mas sim do engenhoso método de falar do outro lado deste umbral, o que certamente exige do leitor a suspensão da descrença, mas lhe oferece em troca uma completa visão, ainda que caleidoscópica, da subjetividade, das crenças e idiossincrasias do "defunto autor". A ironia será a marca da narrativa, assim como a propensão a ver as coisas com olhar deslocado. Olhar pelo avesso, como a sugerir que não se deve levar a sério o relato e que, precisamente por isso, deve ser entendido pelo seu valor de face.

Assim começam os jogos de espelho de Machado de Assis na obra-prima que marca sua passagem para a maturidade artística, que surpreendeu seus contemporâneos e continua a espantar as gerações seguintes. Não sem muitas razões. A forma ousada, quase no ritmo da respiração, em capítulos curtos e incisivos. A metalinguagem e a intertextualidade, que lhe asseguram lugar de destaque não apenas no panteão erigido pelos críticos literários, mas também no construído por aqueles simplesmente apaixonados por boa literatura. O enredo simples e quase sem importância, mas ainda assim fascinante, ao menos para nós brasileiros, pelo amplo painel que descortina do país ainda colonial, quando do nascimento de Brás Cubas, e já avançado no Segundo Império, quando de seu falecimento, com todas as peculiaridades, maneirismos e traços locais que prenunciam, segundo a crítica literária, o nascimento do realismo no Brasil.

Realista ou não, pois essa não parece ser a *vis atractiva* da obra ao longo dos mais de 140 anos que nos separam de sua primeira edição, são múltiplas as leituras possíveis das *Memórias póstumas*. De uma ótica formalista, ressalta-se o caráter inovador da narrativa, da estrutura e das estratégias de apresentação dos temas, tais como elipses, capítulos em branco, entre outros artifícios que só seriam usados no modernismo. Há também a visão sociológica, que tenta compreender a chave do romance de acordo com o ambiente dos personagens, sua trajetória social, suas expectativas e justificações para seu comportamento. A vida de Machado, marcada pela epilepsia e pelo fato de ser descendente de escravos por parte de pai, na capital de um país extremamente desigual e que só viria a abolir a escravidão quando o autor já contava quase cinquenta anos, inspira por si só argumentos apaixonados a respeito de sua aparente adaptação acrítica ao meio social ou, ao revés, acerca de seu ponto de vista privilegiado que lhe permitiu criticar acerbamente a desigualdade — basta lembrar as personagens de Dona Plácida, a pobre costureira que acoberta a relação adúltera entre Virgília e Brás, e de Eugênia, a "flor da moita" — e a crueldade da escravatura, como se vê exemplarmente na cena na qual Prudêncio, que em menino era o escravo que servia de montaria ao infante Brás Cubas, agora já adulto, açoita sem piedade um escravo que comprara após sua alforria.*

Significativa, ainda, é a perspectiva cognitiva e existencial que identifica no humor e na melancolia os traços centrais do romance, associando-os a uma longa tradição de moralistas e analistas da alma humana. Também importante, por óbvio, à vista da paródica invenção do

---

* Capítulo LXVIII – O vergalho: "Era um modo que o Prudêncio tinha de se desfazer das pancadas recebidas — transmitindo-as a outro. Eu, em criança, montava-o, punha-lhe um freio na boca, e desancava-o sem compaixão; ele gemia e sofria. Agora, porém, que era livre, dispunha de si mesmo, dos braços, das pernas, podia trabalhar, folgar, dormir, desagrilhoado da antiga condição, agora é que ele se desbancava: comprou um escravo, e ia-lhe pagando, com alto juro, as quantias que de mim recebera."

Humanitismo,* é o estudo dos filósofos que inspiraram Machado, havendo quem aponte nesse "sistema de filosofia destinado a arruinar todos os demais sistemas" uma crítica ao positivismo de Auguste Comte, bem como quem identifique no ceticismo a influência de Pascal e no acentuado pessimismo a marca de Schopenhauer.

Seja como for, há também críticos que assinalam — por todos, Alfredo Bosi** — não caberem as *Memórias póstumas de Brás Cubas* no figurino de interpretações pré-moldadas, pois nenhuma delas dá conta da complexidade da obra, que continua a deslumbrar leitores. É como se, a cada época, o livro ganhasse nova fisionomia e se reinventasse aos olhos daqueles contemporâneos para os quais parece ter acabado de ser escrito.

Susan Sontag*** revela seu fascínio por Machado de Assis e lembra, a propósito de *Memórias póstumas*, que o livro talvez seja o único exemplo de autobiografia imaginária que não respeita a limitação das autobiografias reais, debruçando-se sobre a vida completa e acabada de seu objeto, o que obviamente só pode ocorrer após a morte do biografado. A esse achado magnífico de descrever postumamente (o "defunto autor") acrescenta-se o efeito de narrador apresentar-se na primeira pessoa, o que permite escancarar todos os caprichos de sua subjetividade, ralentar ou acelerar o ritmo da prosa, fazer digressões sem ser ridículo e, enfim, demonstrar plena consciência de si próprio e dos meios e métodos empregados para a construção da obra, em registro metalinguístico muito anterior ao modernismo e às modalidades de escrituras que se lhe seguiram.

---

* Capítulo CXVII – O Humanitismo: "Quanto ao Quincas Borba, expôs-me enfim o Humanitismo, sistema de filosofia destinado a arruinar todos os demais sistemas. — Humanitas, dizia ele, o princípio das coisas, não é outro senão o mesmo homem repartido por todos os homens. Conta três fases Humanitas: a estática, anterior a toda a criação; a expansiva, começo das coisas; a dispersiva, aparecimento do homem; e contará mais uma, a contrativa absorção do homem e das coisas. A expansão, iniciando o universo, sugeriu a Humanitas o desejo de o gozar, e daí a dispersão, que não é mais do que a multiplicação personificada da substância original."
** Alfredo Bosi, *Brás Cubas em três versões*, São Paulo, Companhia das Letras, 2006.
*** Susan Sontag, "Vidas póstumas: o caso de Machado de Assis", in *Questão de ênfase*, São Paulo, Companhia de Bolso, 2020, pp. 41–53.

Escrever na primeira pessoa e fracionar a obra em pequenos e surpreendentes capítulos dotados de inúmeras artimanhas de estilo e composição, sem falar nos elementos lúdico-interativos que somente se tornariam correntes muitas décadas depois, cria um inegável intimismo, uma aproximação do leitor de qualquer época, que se sente instado ao diálogo permanente com o narrador, cuja vivacidade e perspicácia convidam sempre a renovadas leituras. É o que me move a manter *Memórias póstumas de Brás Cubas* em lugar de destaque em minha estante, para poder revisitá-lo a intervalos de alguns anos.

O LIVRO DE COZINHA DE ALICE B. TOKLAS, DE ALICE B. TOKLAS
POR ROBERTA SUDBRACK

Uma certa fidalguia

Tenho acompanhado a festa que tomou conta das ruas de Paris após a reabertura da cidade, após meses de confinamento. Algo tão efervescente quanto as cenas que Hemingway descreveu em seu livro *Paris é uma festa*. Eu, até outro dia, sempre que estava em Paris, fazia uma visitinha à Brasserie Lipp e pedia uma cerveja e uma salsicha com batatas, na inocência de reviver aquele momento de imenso prazer, tão bem descrito por Hemingway em seu livro. Ouso dizer que muitas vezes, relatos como os de Hemingway, podem ser mais potentes e marcantes do que uma cena, porque tomam conta do nosso imaginário de uma maneira muito pessoal e por muito tempo.

Paris é realmente uma festa, e é nesta parte da festa que entra a história de um livro que, em muitos aspectos, mudou a minha a vida: *Livro de cozinha de Alice B. Toklas*. Foi através dele, de Alice e de Gertrude Stein, que fui apresentada a Paris e a toda a sua perene efervescência cultural.

Paris, 1908, Alice* foi morar com Gertrude Stein na rue de Fleurus, número 27, e seriam companheiras de uma vida inteira. Elas romperam

---
* Alice Toklas chegou a Paris em 1907.

paradigmas sobre vários aspectos da vida social e artística daquele século que se iniciava. Boas anfitriãs, os cardápios eram parte importante para os dias de receber, pelo menos uma vez por semana. Duas americanas em Paris que logo incorporaram um dos principais traços dos franceses: o respeito e reverência pela comida, assim como por qualquer expressão de arte.

Todo esse clima me contagiava na leitura do livro, eu me sentia transportada para aquele espaço, admirando os inúmeros quadros que cobriam cada pedaço de parede da casa ateliê das duas. Me sentia próxima de Picasso e Matisse, conversando sobre o que estava sendo servido. Até hoje quando encontro todos esses pintores que revolucionaram a forma e as cores da arte moderna, nas paredes dos importantes museus e centros de arte pelo mundo, guardo um pretensioso sorriso de quem teria ouvido do próprio artista, na pequena sala de jantar de Gertrude e Alice, os motivos ou as razões daquela pintura. Delícias da imaginação que um bom livro e a ajuda de um campo de distorção da realidade bem treinado podem nos proporcionar.

A morada de Miss Alice e Miss Stein era inegavelmente a casa das inquietações daqueles tempos! Dos prazeres da boa mesa e de uma certa fidalguia. Por aquele sobrado disputadíssimo, passaram americanos, franceses e tantas outras nacionalidades, que nem dá para contar. Uma névoa de talentos, inteligência e aptidões, que faziam ferver um outro caldeirão parisiense: o cultural. Esse contexto tão bem narrado numa linguagem tão natural de Miss Toklas contaminou — para usar uma expressão atual, mas no melhor sentido — para sempre a minha formação, que, não escondo, foi muito influenciada pela cultura culinária francesa e pela maneira como os franceses sempre encararam e encaram uma refeição.

Entre receitas e reminiscências, como a própria Alice classifica sua obra, a gente se pega, com muito gosto, mergulhando nas maravilhas de uma Paris singular, que atraía como nenhuma outra cidade a uma profusão de talentos, além dos que lá já habitavam. No calor dos fogões da cozinha da Rue de Fleurus, suas receitas e as de seus amigos ilustres — que, naquela ocasião, não eram ainda tão famosos —, as memórias daqueles tempos são contadas com a sutileza e o encantamento que restauram aos nossos olhos todo o brilho, excitação e loucura da década de ouro do século XX. Permitindo-nos vivenciar os deleites diários de figuras como Braque, Modigliani, Matisse, Picasso, Hemingway e outros talentosos escritores, poetas e artistas.

Alguns viravam amigos, outros nem tanto, contudo todos se concentravam naqueles ínfimos e prestigiados metros quadrados do ateliê de suas benfeitoras, brigando por uma fresta, uma boa crítica ou um lugar de destaque nas suas paredes, para pendurar suas obras, já que, naquele momento, ali era o melhor lugar para fazer a sua propaganda. Um grupo que só queria falar de arte, respirar e inspirar arte. E que colocava também nesse patamar a comida. Aí está, igualmente, parte do meu fascínio por esse livro. Sendo eu uma cozinheira, todo esse universo das receitas e dos rituais que cercavam os almoços e jantares, tanto os promovidos pela dupla Stein e Toklas quanto por aqueles que as convidavam e que motivavam narrativas detalhadas sobre as viagens pela França. Essas passagens encantadoras eram, de certa forma, o que sempre me despertava a curiosidade por todas essas regiões, como as citadas Bretanha e Provence, minha preferida até hoje. Essas histórias contadas quase que distraidamente por Alice em seu livro desenvolveram em mim um gosto pelas estradas vicinais. Costumo dizer que não sou uma pessoa de autoestradas, prefiro as vicinais. Pelas pequenas estradas, vou mais devagar, fazendo contato com os locais, sentindo cheiros, descobrindo sabores e rememorando as lembranças que os bons livros deixaram cravadas em mim.

Nossa condutora, Alice, descreve, muitas vezes, com riqueza de detalhes, os cardápios, os rituais de uma mesa muito bem-posta e as iguarias servidas. E demonstra como uma refeição simples, bem preparada, pode, às vezes, ser muito mais saborosa do que as mais pretensiosas. Expõe com humor e até com certa incompreensão esse gosto superlativo dos franceses pela comida, pelo ato de receber, assim como a mania de combinar os vinhos com o que se come! Porque Gertrude às vezes se cansava da comida francesa, aos domingos o cardápio de Alice privilegiava os pratos americanos. Pode-se imaginar uma culinária americana? Mas havia o pão de milho, o peru de Ação de Graças e as tortas de maçã! Havia também a criatividade motivada pela necessidade provocada pelas guerras, que as fizeram guardar provisões em Belley*, enquanto os alemães estavam cada vez mais próximos, para suportar a dieta dos ingredientes que ficavam cada vez mais escassos.

O nosso estreito mundo se amplia e se abre quando lemos esse pequeno livro e suas grandes histórias. As histórias, impressões e apreciações vão recheando as receitas escolhidas para esse livro e vão nos seduzindo e puxando para dentro daquela aura, nos tornando mais um partícipe ao lado daquela turma de gênios que frequentava a mesa e os salões do sobrado de dois andares localizado no 6.º *arrodissement*. À medida que a leitura avança, vamos nos sentindo inteiramente sentados com eles à mesa, nas conversas ao pé da lareira, como um convidado, vivendo aquela ambiência. Uma magia muito próxima da que acontecia — muitos anos depois da leitura desse livro — a Gil Pender em *Midnight in Paris* (*Meia-noite em Paris*, 2011)**, filme de Woody Allen em que o protagonista, escritor, estando na Paris atual, encantado com o clima dos anos 1920, conseguia, com a força de sua imaginação, se transportar todos os dias, à meia-noite, para viver naquela época. E teve seus manuscritos, do próximo livro que lançaria, criticados e melhorados por ninguém menos que Gertrude Stein.

É preciso dizer com entusiasmo que são grandes as lições que aprendemos com a leitura de um livro, quando nos concentramos e nos entregamos a ele. No caso desse modesto livrinho, desde cozinhar as receitas fascinantes que temperaram a vida boêmia em Paris naquele século até saber um pouco mais sobre as paixões, o pensamento e a criatividade que permearam aqueles pintores e escritores, ao experimentar conceitos audaciosos, corajosos e cheios de personalidade, que cunharam a arte moderna e causaram uma grande revolução nas artes,

---

* Belley é uma comuna francesa da região Auvérnia-Ródano-Alpes. Curiosamente é pátria de Jean Anthelme Brillat-Savarin, um gastrônomo que ganhou fama com o seu livro *A fisiologia do gosto*.
** Lançado em 2011, esse filme conta a história de um escritor norte-americano sem muita expressão, aficionado pela Paris das primeiras décadas do século XX.

tais como eram entendidas ou percebidas até então. Que o digam o cubismo, o dadaísmo, o surrealismo e tantos outros movimentos que simbolizavam a vanguarda cultural da época e cujos ares e aromas vão penetrando e embriagando pela simples e direta narrativa de Alice, que vai revelando fatos, intrigas, brigas, mexericos ou curiosidades dos frequentadores das tardes e dos jantares da rue de Fleurus.

Miss Stein sempre foi o destaque e a maestra desses encontros culturais, e sentimos isso também nesse livro, mas o leitor novato pode se enganar ao imaginar que o papel de Miss Toklas fosse menor ou invisível. Ela não parecia em nada com alguém que não tivesse uma presença significativa; mantinha seu estilo próprio e discreto, mas não havia nenhum visitante que não soubesse ou entendesse sua importância na vida, na organização e nos prazeres que emanavam daquela casa.

Nesse sentido, os livros são uma revolução e têm esse poder transformador. A mágica acontece não importa o tamanho, o formato ou o gênero. Ao abrirmos um livro, mergulhamos em um universo de possibilidades, fantasias, viagens, conhecimentos e aventuras. O livro sempre vai contribuir com a relação do leitor com o mundo que ele habita. Talvez por isso os "istas" do passado e do presente, como os fascistas, obscurantistas, negacionistas, sempre quiseram trancá-los, queimá-los e proibi-los. A história demonstra que eles fracassaram — pelo menos por ora. Mas sabemos que os defensores das trevas seguem tentando, portanto, nesse sentido, esse projeto tem um valor para além de desejar estimular mais e mais leituras, ele é também uma resistência à boçalidade, à estupidez e à incivilidade dos dias atuais.

De modo que, ao escolher *O livro de cozinha de Alice B. Toklas*, (Companhia das Letras — edição 1996), por seu impacto na minha vida adulta e por sua influência no exercício do meu ofício de cozinheira, espero homenagear todos os outros livros que me tocaram, emocionaram e me ensinaram sobre esse fabuloso instante em que a palavra encontra o leitor e a história simplesmente começa.

Ao dividir essas impressões, na esperança de que o convença a ler *O livro de cozinha de Alice B. Toklas*, destaco que é como flertar com um mundo e uma sociedade que já não existem mais. Mas que podem nos devolver o gosto pelas conversas, pela cortesia, pela grandiosidade dos bons modos, enfim por uma sociabilidade que nos devolva o sentido de civilização. E talvez traga de volta até uma certa fidalguia…

VIVA O POVO BRASILEIRO, DE JOÃO UBALDO RIBEIRO, POR RODRIGO LACERDA

Em 2011, quando João Ubaldo aceitou o convite para participar da Feira Literária de Paraty, a organização do evento pediu-lhe que se preparasse para ler um trecho de algum de seus livros. Até aí, tudo bem, tudo normal. O anormal foi ele me procurar — eu faria a mediação na sessão da Flip estrelada por ele — e perguntar a mim o que deveria ler!

— Bem, João, há... — gaguejei — quando leio um trecho de sua obra em público, escolho sempre a cena do acasalamento das baleias no *Viva o povo brasileiro*.

— É... boa ideia — respondeu ele. — São as únicas páginas da minha obra que, quando releio, não tenho vontade de reescrever.

Por aí já fica evidente que, como todo estilista de primeira grandeza, João Ubaldo era um perfeccionista da frase. Pelo menos três de seus livros anteriores a *Viva o povo* já demonstravam isso: *Sargento Getúlio* (1971), *Vila Real* (1979) e *Livro de histórias* (1981). Mas qualquer pessoa que já teve contato com sua literatura certamente percebeu estar diante de um estilista em cujas mãos a língua, embora usada ao máximo de seus recursos, nunca pesa, nunca é rígida e elitista, nunca aprisiona os personagens e o enredo. Seu perfeccionismo de estilo permitia-lhe fazer requintadas cenas descritivas, como essa do acasalamento das baleias; cenas de humor fino, ou nem tanto; exposições científicas, com vocabulário especializado; e em outros momentos recriar a fala mais popular, como o sotaque sergipano de um sargento abrutalhado ou a fala dialetal das mães de santo.

Isso acontecia porque João Ubaldo era daqueles escritores que não usam a erudição para se diferenciar do homem/mulher comum, e sim para se aproximar de todos os homens/mulheres, temperando essa erudição ora com humor, ora com autoironia. Ele a usava para fazer contato com vozes de todos os meios sociais, qualquer que fosse o grau de familiaridade com a norma culta da língua, pois seu amor pelo idioma português, e o conhecimento que tinha dele, era irrestrito e democrático. Seu apetite linguístico não ia em direção apenas da chamada "alta cultura". O próprio João dizia, com a modéstia usual, que "tinha um bom ouvido". Aliada a um alargamento incrível de seu poder de fabulação, da capacidade de imaginar histórias, essa extrema virtude (não só) técnica foi fundamental para que escrevesse a maior obra-prima da literatura brasileira no período, e uma das maiores de todos os tempos.

Atravessando séculos da nossa história, *Viva o povo brasileiro* faz um inventário das matrizes literárias praticadas no Brasil até aquele momento. Do barroco até o estilo de corte realista que prevaleceu na literatura contemporânea, passando pelo modernismo de segunda geração, e seu interesse nas falas populares, o livro reúne todas as formas brasileiras de expressão.

Em relação aos gêneros e temas de seus outros romances, *Viva o povo* é como uma nave mãe que paira sobre naves filhotes, acompanhando-as a distância enquanto ziguezagueiam pelo espaço, para depois recolhê-las e reabastecê-las de tudo. Nele, o que o escritor havia feito antes reaparece, e o que faria depois tem seu anúncio.

O Caboco Capiroba, canibal *gourmet*, amante da boa carne holandesa, poderia muito bem ser um personagem do humorístico *Livro de histórias*. Dadinha, a mãe de santo, é uma mulher de raízes profundas na cultura popular brasileira, tema e universo de vários de seus romances anteriores e posteriores. A investigação sobre o Mal, encarnado aqui pelo barão de Pirapuama, ganharia mais tarde o primeiro plano em *O sorriso do lagarto* (1989) e, sobretudo, no *Diário do farol* (2002).

O erotismo, por sua vez, iria para o centro da obra apenas em *A casa dos budas ditosos* (1999). E por aí vai.

Mas o ambicioso projeto literário teve uma gênese bastante prosaica, que o escritor admitiu inúmeras vezes:

"Eu queria escrever um livro grande."

Foi difícil dar a largada, contudo. *Viva o povo* teve três inícios. O primeiro, ainda em Portugal, onde o escritor residiu em 1981. Já de volta ao Brasil, morando no Rio, o trabalho anterior foi descartado e o escritor começou novamente. Por fim, transferindo-se para a casa que fora de seu avô em Itaparica, mais uma vez ele partiu do zero. Só aí a coisa deslanchou.

Após aproximadamente três anos de trabalho, João Ubaldo recebeu em Itaparica a visita de outro dos seus editores, Sebastião Lacerda, meu pai, que foi até lá com a missão explícita de arrancar dos seus cuidados hiperperfeccionistas os originais de *Viva o povo brasileiro*. Antes, porém, em clima de festa, o calhamaço foi levado a uma venda e devidamente pesado, atingindo a marca de seis quilos e duzentos gramas. Uma vez formatado, o livro alcançaria 673 páginas, no mínimo três vezes o tamanho de cada um de seus predecessores.

Quando *Viva o povo brasileiro* foi lançado, no Natal de 1984, eu tinha 15 anos e me encontrava flutuando na marofa da adolescência, sem muita capacidade de contato nem com os estudos obrigatórios, que dirá com outras leituras facultativas. Após a chegada dos meus primeiros resultados escolares de 1985, todos catastróficos, ou eu inventava um intercâmbio fora do Brasil, embaralhando dois sistemas educacionais e me safando na confusão, ou já podia me considerar repetente.

Fui parar no Michigan (EUA), o lugar que faz mais frio onde jamais botei os pés. Não posso dizer, portanto, que as causas do meu autoexílio fossem nobres — perseguição política, religiosa, fuga da guerra, da fome ou de catástrofes naturais. Mas a saudade do Brasil e do jeito brasileiro de ser, pelo menos, era grande como a de todo mundo que é expulso de seu país natal. A solidão, imensa também. Meu "pai" americano era engenheiro de motores da Ford, e eu sempre odiei falar de mecânica; meu "irmão" era metaleiro, eu um recém-convertido ao punk rock; e minha "mãe", a figura com quem eu tinha mais afinidade na família, era, no entanto, muito certinha, pelo menos para os meus padrões. Na escola que frequentei, eu achava tudo e quase todos muito chatos, com exceção de dois ou três locais e um equatoriano gordinho, muito gente fina, com quem eu me sentava na hora do lanche.

Recebi *Viva o povo brasileiro* pelo correio, junto com um exemplar de *Concerto carioca*, de Antonio Callado, lançado em 1985. Meu pai escolhera a dedo os livros que mandaria para o filho exilado pela ditadura da química, física e matemática.

O fato de sua editora, a Nova Fronteira, ter comprado o passe do João Ubaldo alguns anos antes tornara o nome do escritor familiar lá em casa. Mais do que isso, a mudança de João Ubaldo para o Rio, em 1981, segundo me lembro, tornou-o imediatamente uma atração aos olhos da intelectualidade carioca, e suas crônicas no jornal *O Globo*, por outro lado, encarregavam-se de cimentar sua popularidade com o grande público. Ele tinha fama, merecida, de engraçado e culto ao mesmo tempo.

Ao saírem a nova edição de *Sargento Getúlio* e a primeira de *Livro de histórias*, eu havia tido contato com sua literatura pela primeira vez. Mas não foi paixão à primeira vista. *Sargento Getúlio* me pareceu incompreensível, assim como alguns dos contos novos. As frases iam se enroscando até que você se perdia, e eu, acostumado aos *Três mosqueteiros* e à *Ilha do tesouro*, ou mesmo a um Eça de Queiroz, nunca lera nada assim. Um ou dois contos, porém, confirmavam o que eu ouvia falar do escritor. Eram mesmo divertidos e, no uso da língua, riquíssimos.

Já nos EUA, no segundo semestre de 1985, quando finalmente engatei a leitura de *Viva o povo*, entendi a extensão da sua genialidade e, pela primeira vez, sonhei com a profissão de escritor. Via-se que, além de produzir alta literatura, ele estava se divertindo ao escrever. Era a suma felicidade. Minha admiração foi tanta que, ao voltar para o Brasil e encontrá-lo algumas vezes, sempre através do meu pai, eu era tomado pelo mutismo besta dos fãs adolescentes diante do ídolo, ou, como os bajuladores mais reles, caía na gargalhada diante de qualquer coisa que ele dizia. Nem preciso dizer que, quando por distração eu abria a boca, imediatamente achava o que eu havia dito a maior estupidez do século.

Mais do que talentoso, culto e divertido, João Ubaldo foi para mim um modelo de intelectual. Ele era extremamente simples no falar, no trato com as pessoas, nos seus hábitos. Não gostava de discutir literatura e muito menos de elucubrar hermeticamente sobre livros. Demonstrava, como seus livros, uma espécie de prevenção essencial contra o pedantismo, sem que isso significasse falta de conteúdo. E jamais pretenderia impor suas opiniões e preferências literárias aos outros. Tinha, no entanto, plena consciência do seu valor.

Anos mais tarde, em 1995, eu já morando em São Paulo, escrevi meu primeiro livro, *O mistério do leão rampante*. Era uma brincadeira ubaldiana que tinha Shakespeare como personagem. Acertada a publicação, meu editor, Plínio Martins, perguntou quem eu gostaria que assinasse um prefácio. Respondi o óbvio, mesmo sabendo que o João Ubaldo odiava fazer esse tipo de coisa, e, semanas depois, quase chorei de emoção ao ver o pequeno texto chegando pelo fax, com o timbre da Academia Brasileira de Letras, da qual ele já fazia parte àquela altura. Um amigo professor da USP ainda tentou fazer pouco, dizendo que o texto não continha uma análise da obra e era muito curtinho, mas isso não diminuiu em nada o valor daqueles três ou quatro parágrafos para mim.

Certamente que a amizade com meu pai ajudou a fazê-lo aceitar o convite. Mas talvez João Ubaldo tenha gostado do *Mistério* porque, seguindo a sua receita, eu me esbaldei nos barroquismos e no tratamento humorístico de uma linguagem em geral veiculada com rigidez e austeridade pernósticas. Ele havia aberto um caminho, e eu não era o único a segui-lo, como *O Chalaça*, de José Roberto Torero, lançado um ano antes do meu, ajuda a provar. Por fim, vale dizer que o João Ubaldo também tinha uma predileção por Shakespeare, como provam a recriação que fez do monólogo hamletiano, "Ser ou não ser", na boca do sargento Getúlio, ou os áudios em que recitava trechos das peças, enviados por *e-mail* aos amigos (tenho um em que declama, com perfeito sotaque britânico, o famoso monólogo de abertura da peça *Ricardo III*).

Se até hoje continuo escrevendo, certamente devo isso ao impacto que *Viva o povo brasileiro* teve sobre aquele adolescente que eu era quando o li. Seus heróis e anti-heróis, que nascem tanto nas classes dominantes quanto no meio popular — e um ponto alto do romance é o encontro desses dois mundos, a história de amor entre Patrício Macário, um homem de posição convertido à causa do povo, e a rebelde Maria da Fé, líder da revolucionária Irmandade Brasileira —, sofrem, amam e morrem, e o leitor, talvez pelo reinício emocional constante a que é submetido, sente a força do conjunto, aparentemente disperso, de trajetórias individuais. O percurso da "alminha", campeã em reencarnações abaixo do Equador, é uma costura divertida para essa multiplicação épica de personagens e enredos. E nós a experimentamos de qualquer modo, seja acreditando no progresso contínuo do Brasil e seus habitantes ao longo dos séculos, seja na tragédia repetida de ascensão e queda do homem brasileiro, com suas paixões, ideias e formas de organização social e política.

ANTÍGONA,
DE SÓFOCLES,
POR ROSISKA DARCY DE OLIVEIRA

O Teatro Jovem era uma casinha acanhada, no fim da Praia de Botafogo, frequentada, nos anos 1960, por jovens apaixonados por teatro. Foi lá que pela primeira vez me encontrei com Antígona, na pele da bela Nathalia Timberg em seus luminosos trinta anos. Kleber Santos, um jovem diretor de talento, encenava a peça de Jean Anouilh, já em plena ditadura militar. Para mim, adversária de primeira hora dessa tragédia que se abatera sobre o país, a simples encenação já era um desafio. Estar na plateia, também. Eu bem sabia tratar-se de uma desobediência tenaz e do enfrentamento irredutível de um poder discricionário. Para os meus vinte anos, atormentados pela repressão que me sufocava, nada mais significativo.

Imagem cravada na minha memória: Nathalia no proscênio, os braços erguidos mostrando as mãos sujas de uma terra invisível e a fala que atravessou meu coração.

E agora, você vai mandar me matar contra a sua vontade. E é isso ser rei! Pobre Creonte! Com as minhas unhas quebradas e sujas de terra, e as manchas roxas que seus guardas deixaram nos meus braços, com o medo que me torce o ventre, eu, eu sou rainha!

Quem fala é uma jovem princesa, filha do rei Édipo, filha do incesto do rei Édipo e da rainha Jocasta, descendente da nobre e maldita casa real de Laio.

Nos livros da minha infância as princesas se casavam com príncipes e eram felizes para sempre. Na juventude cruzei com essa princesa que não se casou com o príncipe e não foi feliz para sempre.

Na véspera de seu noivado com Hemon, o filho do rei Creonte, na madrugada de Tebas, Antígona desafia a proibição decretada pelo rei, seu tio, e vai cobrir de terra os despojos de Polinice, seu irmão, morto em combate fratricida contra Etéocles, depois de conduzir o ataque de sete príncipes estrangeiros contra sua cidade natal.

A tragédia é o choque entre duas razões, duas lógicas. *Antígona*, de Sófocles, é o arquétipo da tragédia.

Antígona não é uma mulher como as outras. É a filha de Édipo, "filha selvagem de um Pai e Rei selvagem". Nascida da transgressão, condenada a transgredir. Foi ela que invadiu a minha vida e sacudiu o meu imaginário.

Assisti seis vezes a essa peça e, no dia em que saía de cartaz, fui, tímida, ao camarim de Nathalia e pedi para guardar o texto em que ela trabalhara. Recebi uma cartolina preta, dobrada ao meio, que servia de capa a um texto datilografado em que ela fizera as marcações de suas falas. Guardei por anos esse texto, tantas vezes relido no exílio e que se perdeu na minha mudança de volta ao Brasil.

É essa história, que Sófocles pôs em cena no ano 466 a.C., que Jean Anouilh recriou no teatro durante a ocupação da França pelos nazistas, que me abriu o caminho para 25 séculos depois descobrir a verdadeira *Antígona*, a de Sófocles, que li, pela primeira vez, em francês, numa noite em que nevava muito em Genebra. Apesar de ter sido talvez o texto mais recriado da história da literatura, assim como *Hamlet*, em múltiplas versões espalhadas por tantas culturas e línguas e pelo talento de autores que vão de Hegel, Hölderlin e Racine a Anouilh, Cocteau e Brecht, a *Antígona* de Sófocles sobrevive intacta. Indo em busca de *Antígona* no século XX, cumpri o destino do pensamento ocidental que vive seu eterno retorno às tragédias da Antiguidade.

Passaram-se alguns anos e fui eu então que me encontrei diante de uma trinca de inquisidores, um coronel, um major e um diplomata, depois de cair numa armadilha montada por um embaixador. Nas 12 horas que durou o interrogatório, apesar das manchas roxas que esses homens me deixaram na alma, em nenhum momento deixei de olhá-los com desprezo, emanações de um poder obtuso e ditatorial. Eu tinha Antígona no coração. E pensava que o poder do Estado, as mentiras dos que torturavam e negavam as torturas não podiam mais do que a minha consciência individual que as denunciara ao mundo em nome dos direitos humanos, mais perenes do que as efêmeras leis da ditadura.

Há os que rezam para santos protetores, outros, escritores como eu, repetem silenciosamente como um mantra frases que aprenderam na sua família secreta, seus autores favoritos, que ficam gravadas não só na memória, também nas cicatrizes de suas vidas.

Os anos passando, esse texto inesgotável foi me ensinando as faces múltiplas dos conflitos humanos: os jovens e os velhos, o indivíduo e o Estado, os homens e as mulheres, os vivos e os mortos.

Nos anos 1970, década do meu exílio, *Antígona* voltou à cena, quando a revolta das mulheres incendiou, eletrizou o espírito do tempo no Ocidente, tornando-o irreconhecível depois que se quebrou o paradigma milenar que separava o mundo dos homens e das mulheres, aproximando os territórios contíguos do Masculino e do Feminino.

Os homens receberam com agressividade a revolta das mulheres. Ecoavam agora as palavras de Creonte:

Essa mulher já mostrou sua insolência ao passar por cima das leis estabelecidas. Agora não serei mais eu, será ela o homem, se tiver impunemente seu triunfo assegurado... A anarquia é o pior dos flagelos, destrói os lares, rompe as frentes de combate, semeia o pânico, enquanto a disciplina salva os que ficam em seus lugares. Por isso o nosso dever é defender a ordem e jamais admitir que uma mulher leve a melhor. É preferível tombar, se necessário, pelas mãos de um homem, do que ser considerado vencido por uma mulher.

Pertenço a uma geração que afirmou que a humanidade é feita de dois sexos, homens e mulheres, não apenas de um, os homens, e de seu avesso, as mulheres. E que a desejada igualdade entre eles é o reconhecimento dessa diferença sem hierarquia. Justamente essa hierarquia que parecia a Creonte estar inscrita na natureza humana.

Desfilei pelas ruas de cinco continentes afirmando que a igualdade é o reconhecimento da diferença sem hierarquia. A princesa tebana inspirou minha geração de mulheres orgulhosas do Feminino e inconformadas com a sua invisibilidade. Dediquei muitos anos de minha vida a uma causa que contestava a fala de Creonte, que já me ferira quando eu tinha vinte anos.

Em meu primeiro livro, *Elogio da diferença*, escrevi:

> Antígona, figura mítica encena um conflito ancestral: a segregação de homens e mulheres em territórios físicos e psíquicos separados, assimétricos e complementares. O mito de Antígona é o eco de uma voz a cada vez reencontrada, repercutindo nossa dessemelhança sexual.

O mito de Antígona, cumprindo o papel dos mitos que assim como os templos nas colinas chegam a nós sempre os mesmos, para serem revisitados, despertou uma espécie de memória do já vivido e por isso reconhecível. Os mitos também plantam sementes do inédito. Os mitos são feitos de agora e de outrora.

O pensamento ocidental tem mergulhado na tragédia de Sófocles, no enfrentamento de uma jovem princesa rebelde e de um velho rei implacável para, através dele, dramatizar seu tempo. Antígona serve de metáfora a oposições irreconciliáveis. Cada geração visita Antígona com a angústia do seu conflito e encontra nela um espelho que preenche com os fantasmas do seu tempo.

Atualizou-se em nosso tempo quando as relações humanas se tornaram irreconhecíveis pela quebra do paradigma ancestral que separava o mundo público dos homens e o mundo secreto e invisível das mulheres. Na evocação atual de Antígona ecoa a inconformidade de gerações de mulheres que, nas últimas décadas, recusaram o decreto da ausência que as excluía da pólis e pisaram, ainda que com passo incerto, os territórios do Masculino.

A voz feminina evoluiu da modesta ambição de se fazer simplesmente ouvir no espaço público para, bem mais subversiva, lá tentar dizer a Razão do Feminino. Reencena-se assim, no enfrentamento contemporâneo, o desafio de Antígona e Creonte.

No espelho de Antígona, em que tantas se quiseram ver refletidas, as mulheres de hoje descobrem um rosto arquetípico. Em tempos de oposição irredutível, a frágil princesa tebana que, afirmando lei própria, negou a autoridade do Rei e do Homem, pele nua do feminino, volta ao proscênio, viva, fugitiva do esquecimento, e acena às novas gerações.

Assim encerrei, no *Elogio da diferença*, o capítulo sobre Antígona, que abre o livro.

Quando o publiquei, trinta anos atrás, pensei em dedicá-lo a Nathalia Timberg. Por discrição, não o fiz. Não nos conhecíamos. Mas o faço agora. A ela, a Antígona dos meus vinte anos. E ao teatro grego que, da Antiguidade até hoje, esculpe nossas almas e nos ensina tudo sobre a tragédia humana.

Foi Antígona quem ditou o meu destino.

O CHAMADO DA TRIBO, DE MARIO VARGAS LLOSA, POR RUI CAMPOS

"O desconhecido desconhecido"

Uma das perguntas mais frequentes que ouvimos em uma livraria é: "Qual é o melhor de todos os livros que você já leu?"

"O próximo!" responde o apaixonado leitor.

Pois a cada livro que lemos nos transformamos. Lemos um determinado livro porque nos sentíamos de determinada maneira, ou estamos de determinada maneira porque lemos determinado livro?

O mundo é assim porque estamos aqui? Ou estamos aqui porque o mundo é assim? Essa talvez seja a pergunta mais importante posta aos humanos!

Tropeçavas nos astros desastrada
Quase não tínhamos livros em casa
E a cidade não tinha livraria
Mas os livros que em nossa vida entraram
São como a radiação de um corpo negro
Apontando pra a expansão do Universo
Porque a frase, o conceito, o enredo, o verso

(E, sem dúvida, sobretudo o verso)
É o que pode lançar mundos no mundo.
Caetano Veloso — Livros

Como canta Caetano, a vida entre livros será sempre destinada a mudanças constantes. É ter o mundo a seus olhos. Alguém já me disse que comprava livros para os ler, mas também para estar perto deles. Ou outro que disse considerar cada livro lido um troféu a ser colocado nas estantes da sua glória pessoal. Ainda Caetano:

> Livros são objetos transcendentes, mas podemos amá-los do amor táctil que votamos aos maços de cigarro. Domá-los, cultivá-los em aquários, em estantes, gaiolas, em fogueiras, ou lançá-los pra fora das janelas. Talvez isso nos livre de lançarmo-nos…

Richard Dawkins escreveu um cujo lindo título já diz muito sobre a vida do *Homo sapiens* na Terra: *A escalada do monte improvável*. Sobre a teoria da evolução. Mas a reflexão se encaixa perfeitamente na vida entre livros. Um livro após o outro, escalamos a montanha do conhecimento. "Um livro leva a outro", disse Millôr Fernandes.

Como evoluirmos no nosso entendimento do mundo senão através de tantos livros maravilhosos que lemos? E como encontrar os livros que serão escolhidos para a nossa coleção de troféus, livros que nos acompanharão na escalada rumo ao topo da montanha do conhecimento? Certamente numa livraria o leitor corre o risco desse encontro.

Em *Se um viajante numa noite de inverno*, Italo Calvino nos narra os riscos que um leitor corre ao entrar numa livraria e encontrar:

> …Livros Que Você Não Leu, Livros Cuja Leitura É Dispensável, Livros Para Outros Usos Que Não a Leitura, Livros Já Lidos Sem Que Seja Necessário Abri-los, pertencentes que são à categoria dos Livros Já Lidos Antes Mesmo De Terem Sido Escritos. Livros Que, Se Você Tivesse Mais Vidas Para Viver, Certamente Leria De Boa Vontade, Livros Que Tem A Intenção De Ler, Mas Antes Deve

Ler Outros, dos Livros Que Poderia Pedir Emprestados A Alguém, dos Livros Que Todo Mundo Leu E É Como Se Você Também Os Tivesse Lido. Livros Que Há Tempos Você Pretende Ler, os Livros Que Procurou Durante Vários Anos Sem Ter Encontrado, os Livros Que Dizem Respeito, os Livros Que Deseja Adquirir Para Ter Por Perto, os Livros Que Gostaria De Separar Para Ler Neste Verão, os Livros Que Lhe Faltam Para Colocar Ao Lado De Outros Em Sua Estante, os Livros Que De Repente Lhe Inspiram Uma Curiosidade Frenética...

Quando iniciei minha escalada e entrei em uma livraria, de onde não mais saí, minha vida se tornou uma constante mudança, pois a cada encontro com um novo livro estamos propensos a mudanças, a evolução. Estar em uma livraria nos leva a encontrar livros e ser encontrado por eles, encontrar pessoas que gostam de livros. Se expor ao desconhecido desconhecido.

Assim estamos sempre em busca do conhecimento, que, quem sabe, mudará a nossa vida mais uma vez.

Recentemente tive um desses encontros memoráveis, o que me levou a refletir sobre a importância de encontros múltiplos, de todas as tendências e orientações culturais e políticas que nos levem ao espírito crítico e humanista.

Um contraste com a inconveniência da doutrinação política tão disseminada nos anos de minha juventude.

Quando iniciava meu amadurecimento em direção a formar uma consciência de cidadão e animal político, eram os "anos 1970". Estávamos sob uma ditadura sufocante e a luta contra o totalitarismo era necessária e urgente. Tudo se misturava muito com a dicotomia esquerda X direita.

As leituras revolucionárias se concentravam em textos marxistas e autores obrigatoriamente com uma visão à esquerda no nosso espectro político. Fora do marxismo tudo era "reacionário". E ser classificado de reacionário era o pior xingamento possível naqueles tempos. Lutar contra o totalitarismo nos unia, mas o pensamento único que nos era imposto acabava por ser totalitário com sinal invertido.

Hoje vejo com muito humor (se não fossem trágicos) casos como o das gloriosas jornadas estudantis de 1968, com as célebres "barricadas do desejo" em Paris, onde os jovens se proclamavam maoistas, todos com um livrinho na mão. O mesmo livro vermelho!

Sobre essa época é interessantíssimo acompanhar a escalada política através das lentes geniais de Jean-Luc Godard. Recomendo o livro de Anne Wiazemsky, *Um ano depois*, ou o filme nele baseado, *O formidável*. Ou o também genial filme de Bertolucci, *Os sonhadores*. Sim, era época de sonhos e utopias.

Mas utopias também nos impuseram efeitos colaterais. Resultaram na perda de muito tempo até conhecermos o pensamento e teorias de autores fundamentais e pensamentos de outros matizes, diferentes das utopias socialistas.

Com o privilégio da frequência diária de uma livraria, recentemente fui alcançado por um livro que retrata muito bem por que leituras plurais podem e devem ser ferramentas para mudar uma vida.

Trata-se de um dos livros que passei a considerar um ponto de virada, ou seja, mudou a minha vida: *O chamado da tribo* (Objetiva, 2019, tradução de *La llamada de la tribu*), de Mario Vargas Llosa, escrito em 2018.

De Vargas Llosa já havia lido outras pérolas. Sou especialmente fã de *Tia Julia e o escrevinhador*, cujo protagonista, Pedro Camacho, o escrevinhador, é sem dúvida um dos personagens mais interessantes da literatura.

Minha identificação com a autobiográfica introdução de Vargas Llosa para *O chamado da tribo* foi total.

Alguns anos mais velho do que eu, portanto testemunhando um mundo ainda não tão definido e com Cuba, nas palavras do autor, se apresentando como "um antes e um depois ideológico", mas com uma autocrítica exemplar, Vargas Llosa descreve todas as suas dificuldades em escapar à doutrinação e sedução dos discursos quase obrigatórios da época.

A partir dessa bela introdução, o autor nos oferece um relato da evolução das ideias liberais através de seus principais expoentes.

O livro é descrito por Vargas Llosa como uma tentativa de fazer pelo liberalismo o que *Rumo à estação Finlândia*, de Edmund Wilson, havia feito pelo socialismo.

Seguem-se narrativas de viagens a Cuba, cinco vezes, à URSS (1968), e a constatação que, se fosse um cidadão russo, teria sido um dissidente e apodreceria no gulag. Também a sua opção por Camus, na célebre polêmica entre este e Sartre, em que Sartre se recusa a condenar o regime soviético. A Cuba, por ordem de Fidel Castro, foi proibido de retornar, por "tempo indefinido e infinito", além de alvo de campanha de ignomínias, tão atuais nos dias de hoje.

Após o relato de seu mergulho nas leituras obrigatórias da época, Luckács, Gramsci, Goldmann, Guevara, Althusser, surgem os primeiros sinais de rebeldia com a leitura, meio que às escondidas, de Raymond Aron, incômodas e sedutoras para a doutrinação daqueles tempos.

A partir da ruptura da camisa de força doutrinária, abraça o liberalismo, doutrina que, segundo Vargas Llosa, "admite no seu seio a divergência e a crítica". Ao mesmo tempo que se preocupa em nos alertar sobre regimes que estimulam as liberdades econômicas, porém sendo despóticos, repressivos e ditatoriais. E também tentativas democráticas que respeitavam liberdades políticas, mas sem acreditar na econômica, o mercado livre, segue nos abrindo caminho para o encontro de autores incontornáveis.

São eles: Adam Smith, onde se lê que os homens, enquanto trabalham para realizar seus próprios sonhos egoístas, contribuem para o bem-estar de todos.

José Ortega y Gasset e suas reflexões sobre o homem e suas circunstâncias.

Friedrich Hayek e a visão do fascismo e do comunismo como expressões do totalitarismo.

Em Karl Popper, a descrição do "espírito da tribo", a saudade da vida tribal, onde o homem, ao se considerar parte da coletividade, se subordina aos todo-poderosos caciques ou bruxos, libertando-se de responsabilidades, submissos. Tal como o animal de manada.

Raymond Aron, em que podemos nos divertir com a fórmula malévola cunhada nos anos 1960, segundo a qual era "preferível enganar-se com Sartre a ter razão com Aron", ou seja, o ópio dos intelectuais.

Em Isaiah Berlin, o exercício da tolerância e os conceitos sobre a liberdade.

E finalmente Jean-François Revel, jornalista e ensaísta iconoclasta, feroz combatente contra o totalitarismo.

Citando a ilustríssima Fernanda Torres ao comentar *Bouvard e Pécuchet* aqui neste mesmo livro: "Perdi a virgindade, não há como voltar atrás."

CAPITÃES DA AREIA, DE JORGE AMADO, POR SAMUEL SEIBEL

Pedir a um apaixonado por livros que limite a um único título o que "marcou a sua vida" é tarefa das mais difíceis. Sem contar com a estranha sensação de "traição" ao talento de tantos autores, brasileiros e estrangeiros, que acompanharam a minha vida e que, em épocas distintas e por diferentes motivos, também influenciaram a minha trajetória.

Porém, risco e responsabilidade assumidos, vamos em frente.

Volto 53 anos de minha existência, chego ao terceiro ano do ginásio e me vejo, junto com mais três colegas, apresentando o nosso trabalho de leitura de *Capitães da areia*, do baiano Jorge Amado. Resolvemos inovar e, além do texto escrito, encenamos uma peça para a nossa classe.

De Jorge Amado conhecia algumas histórias contadas por meu pai, judeu polonês que morou em Salvador com passagens em Ilhéus (ele era caixeiro-viajante). Confesso que sempre fiquei em dúvida sobre essa aproximação do meu pai com o escritor, dúvida que seria desfeita muitos anos depois, num encontro casual que tive com Jorge Amado, em Paris. Se der tempo, conto esse episódio.

O fato é que fiquei apaixonado pelo livro, pela escrita, pela narrativa, pelos personagens.

Morávamos no Bom Retiro, bairro com grande número de judeus, alguns deles comunistas, como meu pai, e que exerceram grande influência sobre nós, filhos e amigos que, sem entender muito bem do que se tratava, achavam que o mundo não era lá muito justo com certo tipo de gente.

Quando conheci a história de Pedro Bala, Professor, Gato, Sem Pernas, Pirulito e João Grande, entre outros, fui arrebatado. Senti uma empatia imediata, lia, me transportava, queria participar, ajudar. Torcia para que não fossem presos, que os assaltos dessem certo, que tivessem comida e, principalmente, futuro.

Tenho a impressão de que a leitura de *Capitães da areia* foi a ponte entre a minha infância e a adolescência.

Queria ser Pedro Bala. E o Professor também, que passava a noite lendo — para si e para os demais. Não conseguia aceitar a ideia de tanta desigualdade (o livro foi escrito há mais de oitenta anos. Só piorou), tanta falta de oportunidade, tanta injustiça.

Ao mesmo tempo, todos tinham sonhos, esperança de dias melhores. Seja como líder sindical (Pedro Bala, seguindo os passos do pai), cafetão (Gato), artista plástico (Professor), cangaceiro (Volta Seca), religioso (Pirulito).

Havia gente boa também, honesta, que se preocupava com os meninos, como o Padre José Pedro e a mãe de santo D. Aninha.

Um dos pontos altos do livro para mim foi a união romântica de Pedro Bala e Dora, a menina de 13 anos que foi para a rua com o irmão caçula depois da morte da mãe por varíola.

Era um momento de minha vida em que eu também queria ter uma namorada na minha despedida do mundo infantil.

Agora a vida de Pedro Bala vai mudar, eu pensava. Agora ele vai se casar com a Dora, ter filhos, um teto, vai ser alguém, finalmente.

Mas não: depois de ser presa, Dora fica doente e quando os capitães chegam para resgatá-la, já é tarde, ela está perto de morrer.

Capitães da areia não foi apenas uma leitura obrigatória do ginásio. Na ocasião, foi o livro que juntou as várias peças do meu quebra-cabeça mental em que construía a minha essência, o meu modo de enxergar como o mundo poderia ser melhor.

Hoje, quando é quase unanimidade que o Brasil não terá êxito enquanto a educação não for um projeto de longo prazo, diminuindo a desigualdade e aumentando as oportunidades para os capitães da areia do século XXI, reconhece-se a contribuição de Jorge Amado neste debate. Mesmo não sendo "convidado" para a festa, e até esnobado por boa parte da crítica durante muito tempo, o escritor, a seu modo, foi visionário.

Reli vários livros em minha vida. Justamente o que estou trazendo aqui como o livro que "marcou a minha vida" só li uma única vez. E não pretendo reler. Agrada-me a ideia de conservar a imagem que formei aos 12 ou 13 anos, junto com meus velhos amigos de escola.

Opa, sobrou um "tempinho", então vou contar aquela história do meu encontro com o Jorge Amado em Paris.

Isso aconteceu em 1979. Um dia fui chamado para uma festa onde estaria o Jorge Amado e a Zélia. Fiquei feliz pela chance de ver uma figura que me acompanhava desde sempre; ao mesmo tempo, me bateu uma certa tensão: falo ou não falo do meu pai para ele? E se ele não tiver a menor ideia de quem era o Seu Bernardo?

Quando cheguei perto dele, soltei: "Oi, Jorge, muito prazer, meu nome é Samuca, e meu pai conheceu você nos anos 1930, em Ilhéus." "E quem é seu pai?", ele perguntou. "Bernardo Seibel." "Bernardo? Você é filho do Bernardo? E como está sua mãe, Rosinha? Zélia, venha cá, venha conhecer o filho de meus amigos Bernardo e Rosinha."

Foi uma das noites mais felizes de minha vida.

EM BUSCA DO TEMPO PERDIDO, DE MARCEL PROUST, POR VIVIANNE FALCÃO

Despertando em Proust...

Quando me propuseram a pergunta sobre qual livro mudou a minha vida, vários me vieram à mente. Reminiscências de livros lidos e enredos que me fascinaram em momentos diversos logo me chegaram à memória.

Mas não precisei de muito tempo para concluir que o livro que transformou a minha existência, me enriquecendo como ser humano, foi *Em busca do tempo perdido*, o *roman-fleuve*, em sete volumes, de Marcel Proust. Ele mudou, e continua a influir no meu modo de ser e agir... Proust, mais que um autor amado, é para mim uma "visão" de mundo.

Li e reli Proust; a primeira vez, no início da década de 1980, quase adolescente, depois de um ano estudando francês em Paris. Lá adquiri os seus livros, mas foi ao voltar ao Brasil que me pus à leitura metódica do escritor que fez de sua cidade e da sociedade a que pertencia uma descrição tão extensa e profunda.

Ao sair das aulas na Aliança Francesa do Boulevard Raspail, caminhava em direção ao Boulevard Saint-Germain para ver as novidades nas livrarias do bairro, e logo notava que ali Proust reinava absoluto, sendo possível ao interessado adquirir as mais diversas edições de sua obra, mas também inúmeros livros sobre ele, cópias de fotografias e cartões-postais com retratos do escritor. Com o tempo, e novas idas a Paris, fui identificando lugares e ambientes que ele conheceu e descreveu com estilo e ironia ímpares.

A primeira leitura da *Recherche* me impactou esteticamente, com suas descrições minuciosas de pessoas, ambientes, paisagens, flores, vestuário, luzes, ruas... Fui atrás de tudo isso. Proust também consegue descrever sons e aromas de modo insuperável. Ele transforma o intangível em tangível. Tocada pela magia de sua imaginação, saí em busca de livros, quadros, igrejas, músicas, imagens, e tudo o mais que estava ao meu alcance sobre sua obra, era inevitável. Fui seduzida. Entreguei-me.

Há um componente universal no grande romance de Proust que resiste a diferenças culturais e temporais. Já me perguntei inúmeras vezes se ele resistirá ao tempo... acho que sim. Personagens como sua avó, sua mãe, Françoise, a cozinheira, Celeste, a governanta, e sentimentos humanos universais como a angústia, o medo, o ciúme, o desejo sexual, que esse grande asmático descreve, garantem a perenidade de sua obra.

Reli Proust no início do século XXI e acho que, ao contrário do impacto da primeira vez, que foi externo, estético, desta vez foi interno, psicológico. É inimaginável com que precisão ele consegue desnudar a natureza humana, suas ambiguidades, conflitos, misérias e grandezas.

Sua admirável capacidade de observação, o olhar treinado, a sua mente sagaz e uma sensibilidade rara para esmiuçar o que se passa na alma de seus personagens, sejam eles mundanos ou propensos à melancolia, exerceram sobre mim um impacto profundo, me levando a ser mais atenta e observadora. Proust, além do escritor originalíssimo, é um leitor de almas. O convívio com ele leva qualquer um a desenvolver uma enorme predisposição à autoanálise, ao que se processa na sua intimidade e na dos outros. Em Proust nada passa despercebido. Ele está sempre atento a um simples olhar de soslaio, um tom de voz, um gesto, ou à falta deles. Estamos diante de um criador de ficção que educa os sentidos de quem o lê. Os palpáveis e os não. O que é dito, ou apenas sugerido... Proust ensina muito sobre as pessoas, sejam elas movidas por uma visão cínica da vida, ou por gestos de grandeza e solidariedade. Está tudo lá.

Para ler Proust você tem de estar atento ao texto e ao que ele sugere nas entrelinhas. Às escolhas felizes que faz na vida, e às atitudes que podem levar à desilusão ou ao desânimo. Ler Proust, quando se está entregue ao prazer do texto, pode ser uma enorme viagem... para mim foi, sem volta.

No início da sua carreira, Proust foi acusado de elitista e de tratar de assuntos fúteis, de salão, mas o tempo deu razão a ele. Proust escreveu sobre a aristocracia e a burguesia, e, para fazer justiça, vale lembrar que a classe trabalhadora e proletária também está fartamente representada em sua obra.

Proust não é autor de uma "literatura de mexericos", como certa feita ironizou Borges, nem se preocupou apenas em documentar a burguesia francesa à qual pertencia. Como bem lembra Walter Benjamin, que traduziu o primeiro volume da *Recherche* para o alemão, Proust soube flagrar também, com precisão, tipos e situações das classes menos favorecidas da sociedade de seu tempo. Quem se puser a lê-lo logo confirmará isso.

Para mim a leitura de Proust não terminará, ele está dentro de mim, continuo a "ler" as pessoas do meu convívio, as que acabei de conhecer, as com que nunca troquei uma palavra, fazendo uma associação, involuntária ou não, às tipologias humanas descritas por ele.

Com Proust fiquei mais sensível aos efeitos que um dia de sol, o luar, a brisa do mar, o barulho do vento e das ondas, as luzes da cidade, o cheiro da chuva, o primeiro gole, Veneza, Paris, podem ter sobre mim. Passei a valorizar mais os pequenos e grandes prazeres do dia. E isso é um ganho imensurável na minha vida.

Em Proust frequentemente conseguimos ajuda para decifrar sentimentos, sensações e percepções que nos afetam, mas que pensamos não poder explicar com palavras. Ele nos faz perceber sentimentos que se passam dentro e fora de nós. E esse olhar também se estende às pessoas e às situações ao redor.

Em 2000, às vésperas do meu aniversário, Joaquim, meu marido, me disse que já providenciara o meu presente, e que escolhera um novo e grande aparelho de televisão. Fiquei surpresa com a notícia, porque presentear com eletrodomésticos não faz muito o nosso estilo. Quando abri a grande caixa que ele me trouxe, a surpresa e a alegria foram enormes.

Na verdade, o presente de Joaquim era especial: uma carta manuscrita, de cinco páginas, de Proust para J. Hubert, diretor da Editora Calmann-Levy (Paris, 31 de dezembro de 1895), escrita com tinta violeta, em papel vergé com filigrana "*Au Printemps Paris Noveau, Noveau papier français*", no formato 180 x 115 mm, e belamente emoldurada. Joaquim a adquiriu por intermédio de nosso amigo Pedro Corrêa do Lago, um proustiano devoto. Ela está reproduzida na página 299 do primeiro volume da correspondência de Proust, organizada por Philip Kolb. Escrita aos 23 anos, e relativa à publicação de *Les Plaisirs et les jours* (*Os prazeres e os dias*), seu primeiro livro, a longa carta celebra de forma exemplar as difíceis relações do autor com seus editores, alternando críticas severas com palavras de simpatia. A primeira edição do livro inaugural de Proust trazia aquarelas da famosa pintora Madeleine Lemaire — posteriormente modelo para a personagem de Madame Verdurin na *Recherche* —, e na carta Proust reclama do fato de o editor ter posto mais desenhos justamente nos textos aos quais ele atribui menor importância.

O sentimento que tenho em relação a Proust é não só de admiração pela obra seminal que produziu em tão pouco tempo de vida, mas também de gratidão por tudo que aprendi com ele, seja no plano dos afetos, do conhecimento da sociedade, seja da maneira como analisa e descreve sensações provocadas pela música e pelas artes, especialmente a pintura.

Sei, naturalmente, que no plano intelectual devo muito a outros escritores, mas Proust é especial, pois tenho a sensação de que ele está presente no meu dia a dia. Sempre que posso releio algum trecho ou capítulo de *Em busca do tempo perdido*, e mesmo depois de anos de convívio me surpreendo com detalhes que não notara na leitura anterior.

Talvez essa seja a característica que melhor defina o grande escritor, a de surpreender sempre o leitor mais atento e contumaz.

Um dos livros mais preciosos que tenho é uma edição em grande formato, fac-similada, das primeiras provas corrigidas por Proust, em 1913, de *Du Côté de chez Swann — Combray*. Toda vez que o examino constato que estamos diante não só de um milagre estético, mas também de um exemplo magnífico de disciplina e obsessão criadora.

Parafraseando o título do livro que a escritora e psicanalista Betty Milan dedicou a Paris, eu diria que o diálogo com Proust, para mim, não acaba nunca.

DIREÇÃO EDITORIAL
Daniele Cajueiro

EDITOR RESPONSÁVEL
Hugo Langone

PRODUÇÃO EDITORIAL
Adriana Torres
Laiane Flores
Mariana Lucena

COPIDESQUE
Alvanísio Damasceno

REVISÃO
Perla Serafim
Kamila Wozniak

CAPA
Sérgio Campante

DIAGRAMAÇÃO
Douglas Kenji Watanabe

Este livro foi impresso em 2022
para a Nova Fronteira.